인생의

성공 법칙

박광범 외 18인

SUN

인생의 등대가 되는 책이 되기를

우리는 어떤 목적을 갖고 살아왔는가 그리고 길고 긴 남은 인생을 어떻게 살아갈 것인가. 어느 날 갑자기 철학자나 저명인사의 강연이 아닌, 평범하지만 주어진 일을 최선을 다해 살아온 가까운 지인들의 이야기를 듣고 싶었다. 가장 현실적이고 간혹 큰 결심 없이 따라할 수 있을 것 같은 삶의 이야기를 정리해서 더 많은 사람과 공유하고 싶었다.

열아홉 분의 선후배들을 무작정 초대하여 같이 책을 써보자고 했다. 그중에는 책을 출간한 분들도 있고, 책 발간에 대해 궁금해하면서 참여한 분들도 있다. 잡다하게 글을 올려도 단톡방에서 빠져나가지 않고 참고 기다리는 것을 보면 책 쓰기에 관심은 있는 것 같다.

함께 글을 쓰신 분 중엔 작가, 공무원 최고의 직급에서 국가 정책을 결정한 분, 글로벌 IT기업에서 세계를 내상으로 활약하던 분, 대학과 교육기관에서 오랫동안 근무한 분, 치열하게 살아온 사업가 등 다양하다. 모두가 책 몇 권은 쓸 수 있는 무궁무진한 소재를 가진 분들이다.

나는 미얀마 청소년 장학사업을 후원하는 빛과나눔장학협회 가재산 회장님과 우연히 대화하면서 미얀마 양곤지역 학생들을 후원하게 되었고, 또 여행책 세 권을 출간하게 되었다. 지금은 빛과나눔장학협회 부회장으로, 디지털책쓰기코칭협회 사무총장으로 봉사하고 있다. 우연히 책을 쓰게 되었지만, 이제 많은 사람에게 책을 쓰도록 설득하고 있다. 만남이란 이렇게 의미 있게 발전하는 것 같다.

나로 인해 여러 지인이 책을 쓰게 되었다. 주변에 책을 쓰고 싶어하거나 책을 쓰기 위해서 자료를 정리한 분들이 종종 있었다. 그들에게 조그만 동기를 부여해도 멋진 책이 금방 탄생하는 것을 여러 번 보았다.

그래서 나와 가까운 분들과 함께 책 출간을 시도했다. 글을 쓴 경험이 많은 분은 가볍게 글을 쓰겠지만, 경험이 전혀 없는 분은 간단한 글이지만 주저하다가 수없이 수정하기도 하고, 여러 번에 걸쳐 완전히 새로운 글을 쓰기도 할 것이다. 이전에는 다른 사람의 글을 주의 깊게 보지 않다가 좀 더 관심을 갖고 작가들이 쓴 글을 찾아보기도 할 것이다.

지인들이 책을 출판하는 과정을 보면 어떤 분은 몇 달이 걸리고, 어떤 분은 포기하기도 한다. 그러나 짧은 글도 작성하고 나면 또 다른 성취감을 맛볼 수 있으며, 나아가 자기만의 책을 쓸 수 있을 것이라 확신하기에 또 시도해 본다.

참여하는 분들이 이전에 직장생활을 했거나 지금도 직장생활을 하고 있는 분들이기에 직장생활의 경험과 성과, 누구나 경험할 수 있는 실패와 극복 과정, 미래를 위한 나의 준비, 현재 시점에서 성공한 삶에 대한 정의, 봉사와 사회 기여 등의 주제로 방향을 정하여 각자가 선택하여 글을 쓰기로 했다.

동참한 열아홉 분의 필자는 각자 엄청난 경험을 가진 분들이다. 그들의 인생에서 의미 있는 경험은 성현의 경구보다도 더 현실적으로 와닿고, 때론 직접 실행해 볼 수도 있을 것이다. 후배들이 이 글을 읽고 간접 경험을 통해 삶의 방향을 설정하고 도움받기 바란다. 그리고 동참한 분들을 포함하여 주변의 많은 분이 책을 쓸 수 있는 용기를 갖고 책 쓰기를 시도해 보길 바란다. 길고 긴 인생, 글 쓰면서 즐기는 사람들이 많아지길 바라며 이 책을 펴낸다.

2023년 5월

이승도

《인생의 성공 법칙》 발간을 축하하며

김창호(경북대학교 총동창회장)

최근 경북대 동창회에 문화예술 붐이 한창이다. 마치 경북대 르네상스를 연상케 한다.

모든 대학 동창회마다 나름대로의 정체성과 이미지를 가지고 있다. 우리 경북대 구성원들은 화랑정신과 선비정신의 DNA를 가지고 있다고 나름 자부한다. 선비정신의 영향을 받았는지, 주어진 일을 묵묵히 해 나가지만 꼭 필요한 경우가 아니면 나서기를 주저해서 4차 산업혁명 시대를 살아가면서 때로는 답답함을 느낄 때도 있었다.

총동창회장에 취임하면서 선비정신을 넘어 내재되어 있는 화랑정신 DNA도 도출해 낼 필요가 있다고 생각하였고, 하드파워도 중요하지만 소프트파워를 활성화시키는 것이 중요하다고 생각했다.

그래서 동문 기업인들의 네트워크인 KNU비즈니스포럼을 출범시켰고, 동문들의 새로운 지식에 대한 갈증을 해소시켜 주기 위해 전 세계 동문들이 시간과 공간을 초월하여 함께할 수 있는 일종의 '복현아카데미' 같은 것을 만들 필요가 있다고 생각했다. 총동창회 사무총장이신 이승도 대표가 큰 힘이 되어주었다.

이러한 소프트파워의 영향을 받아서인지, 최근에 단위 동창회와 동문들 간에 시집 출간, 시 문화제, 정기연주회 등 여러 문화예술 행사가 자발적으로 활발하게 이루어지고 있어 무척 고무적이다.

그리고 동문들 간 책 쓰기도 신선한 바람을 일으키고 있다. 때마침 책을 출간한 경험이 많은 이승도 대표를 중심으로 동문들의 진솔한 삶과 철학을 책으로 출간하게 된 것을 축하한다. 이를 계기로 이젠 경북대 동문들이 자신들만 연마하는 엎드리고 있는 현인 즉, 복현인(伏賢人)에 머무르지 말고 꿈과 감동을 함께하는 큰 현인, 대현인(大賢人)이 되기를 기대한다. 경북대학교 산격동 캠퍼스가 복현동(伏賢洞)과 대현동(大賢洞)에 소재하는 있는 것처럼.

박광범(KNU비즈니스포럼 회장)

"글은 그 사람의 영혼이다."

아마도 어쩔 수 없이 글쓰기를 강요 또는 부탁받아서 책상 앞에는 앉았는데 어디서부터 시작해야 할지, 무슨 이야기를 어떻게 풀어야 할지, 며칠 동안 머리만 쥐어뜯은 경험이 있는 분들은 그 영혼이 무엇을 의미하는지 잘 이해할 것입니다. 글쓰기에 대해 많은 공부를 하신 분들은 자신의 생각에 함께 동원할 사례들을 잘 활용할 수 있으니, 수려하고도 공감의 폭을 넓혀주는, 속시원한 글들을 순식간에 써 내려갈 수 있습니다.

KNU비즈니스포럼에 동참해 주신, 그중에서도 자신의 경험들을 글로 표현하려고 노력하신 분들은, 그 표현력에서는 전문가에 미칠 수 없겠지만, 그 단어 하나하나에 실린 경험과 감정을 통해 그분들의 영혼까지도 느껴질 진솔함을 담아낼 것이라 믿습니다. 깊이 있는 고전은 아닐지 모르나 치열하게 현재를 함께 살아가는 동료들의 영혼들을, 조금은 덜 세련된 그 표현들을 곱씹어, 숨은 열정을 찾아내는 묘미도 고전 읽기에 버금가는 대단히 가치 있는 일일 듯합니다. 무엇보다 이 글쓰기 프로젝트의 주모자이신 이승도 대표님의 열정만이라도 느끼신다면, 오늘 이 책과 함께하시는 데 있어서 충분한 보람을 가질 것이라 생각합니다!

이상길(대구 EXCO 대표)

세상을 살아가는 것은 산을 오르는 것과 흡사하다고 합니다. 우리 모두 포효하며 세상에 나왔지만 꿈과 희망은 늘 거친 바다 너머에 있는 것처럼, 용감하게 입산의 첫발을 내디뎠지만, 산을 오르는 멀고면 여정은 그렇게 쉽지만은 않기 때문입니다. 그러나 후배들의 꿈이 크고 원대한 만큼, 동문 기업가들의 경험에서 우러나온 담백하고 따뜻한 이야기는 산행의 힘듦을 덜어주는 이정표처럼 후배들의 인생 여정에 든든한 동반자가 될 것입니다. 아울러 후배들의 삶의 항로를 오래도록 밝혀주는 등대가 될 것입니다.

김원규(KNU비즈니스포럼 서울회장)

이 책을 읽는 동안 나의 젊은 시절 발자취를 따라가며 과거부터 지금까지의 나를 마주하는 느낌을 가졌다.

이 책은 인생의 방향을 잡지 못하고 현재 자신의 모습에 의구심을 느끼는 사회 초년생부터 은퇴기에 이른 중장년층에 이르기까지 길라잡이가 되어줄 것이다.

살아가면서 내가 만날 수 있는 사람과 생각은 한정되어 있다. 지금 이대로 괜찮을까? 의구심이 들 때 이 책을 권하고 싶다. 나의 고민과 방황에 명쾌한 답을 얻을 것이다. 방황했던 젊은 시절에 이 책을 만났더라면 내 인생의 고민이 좀 더 가벼워졌으리라 확신한다.

목차

글로벌 시대의 '선배와 후배의 융복합'

김재수

경북대학교 경제학과 74학번

현

동국대학교 석좌교수

경상북도 농식품유통혁신위원장

전

경북대학교 초빙교수

농림축산식품부장관

한국농수산식품유통공사(aT) 사장

농촌진흥청장

저서

《농업의 대반격》, 《식품산업의 현재와 미래》 외 다수

수상

대통령 표창, 포장, 홍조근정훈장, 황조근정훈장

프랑스 기사훈장(Chevalier) 외 다수

jsoobest@hanmail.net

김재수

'사람과 기계'의 융복합 시대가 성큼 다가왔다.

'AI 시대', '챗GPT' 세상은 거부할 수 없는 시대적 흐름이다.

어떻게 활용하는가가 성패를 가른다.

글로벌 시대의 '선배와 후배의 융복합'

지금 우리에게 필요한 것은 융복합이다. 그간 융복합은 주로 아이디어 융복합, 산업간 융복합을 중요하게 생각했다. 이제는 '사람의 융복합'이 필요하다. 사람의 과거 경험과 미래전망을 융복합하는 것을 말한다. 다른 말로 표현하면 '시간 융복합'이 중요하다. 쉬운 예로서 '선후배의 융복합'이 아주 중요하다는 이야기다. 이미 '사람과 기계'의 융복합 시대가 성큼 다가왔다. 'AI 시대', '챗GPT' 세상은 거부할 수 없는 시대적 흐름이다. 어떻게 활용하는가가 성패를 가른다.

필자는 경북대학교 경제학과 재학 중인 1977년 제21회 행정고시에 합격하여 40여 년의 공직 생활을 했다. 근무 중 해외유학, 국제기구 근무, 해외주재관 생활 등을 두루 경험하면서 세계 속의 대한민국을 입체적으로 보는 눈을 길렀다. 후진국이 중진국을 넘어 하루아침에 선진국이 될 수 없다. 겪어야 할 고통이나 아픔을 겪어야 한다

김재수

는 이야기다. 필자는 과장 시절 프랑스 파리 소재 경제협력개발기구(OECD)에 근무할 때 프랑스 동료가 하던 이야기가 지금도 생생하게 기억에 남는다. 프랑스는 얼핏 보면 무질서해 보이나 무질서 속에 질서가 있고, 인간에 대한 존중과 자유가 있다고 하였다. 자유를 쟁취하기 위해 "센강이나 르와르강을 피로 물들였다"는 소리도 들었다. "자유는 공짜로 얻은 것이 아니다(Freedom is not free)"라는 말과 일맥상통한다. 필자가 워싱턴 DC 소재 한국 대사관에서 농무관으로 근무하면서 수도 없이 본 구절이다. 지금 우리나라는 혼란해 보이고 자유를 넘어 방종과 무책임 사회로 가는 것처럼 보인다. 자유민주주의를 확고하게 구축하기 위해 치루어야 할 과정으로 인식된다. 지금 대한민국은 산업화, 민주화 과정을 모두 거쳐 세계 10위권에 든 나라이다. 여러 가지 갈등과 이해관계가 복잡하게 얽혀 있고, 한두 가지 정책이나 법령으로 해결하기 어렵다. 근본적으로 5년 임기제 대통령제하에 실질적인 성공은 기대하기 어렵다. 포장만 그럴듯하고 본질은 비슷한 정책도 많다. 외국의 사례를 형식적으로 베껴오거나 철 지난 탁상 이론에 몰입하기도 한다

농식품 분야에 40여 년을 근무하면서 농업생산과 유통, 통상, 수출, 식품을 주로 다루었다. 농림축산식품부에서 주로 근무했으나 외청인 농촌진흥청과 공기업인 한국농수산식품유통공사(aT)에서 최고 책임자로도 근무했다. 농업기술이나 연구개발, 수출, 식품 업무를 깊이 들여다보면서 많은 고민과 생각을 하였다. 가끔씩 공공 부문 경험에 치중된 나의 인식을 되돌아보면서 지나친 국가중심적 사

고를 하는 것이 아닐까 하는 생각도 든다. 그만큼 공적인 인식과 생각이 내 행동의 대부분을 차지했다. 이제는 과거 경험을 토대로 미래로 나아가는 전략과 지혜가 시급하다. 필자가 경험한 한두 가지 사례를 든다.

세상은 엄청나게 변한다. 금년 초 미국 라스베이거스에서 소비자 가전 전시회(CES 2023)가 개최됐다. 174개 국가, 3,100개 기업, 11만 명이 참석하여 최신 소비자 기술과 미래 변화를 보여주었다. 소비자 가전제품 전시회에서 미국 농기계회사(John Deere)의 대표인 존 메이(John May)가 기조연설을 했다. 가전제품 전시회에서 농기계회사 대표가 기조연설을 한 것은 56년 행사 역사상 처음이다. 농업 관련 기술 산업인 '애그테크(Ag-tech)' 산업이 크게 발전하고 농업과 비농업의 경계가 무너지며, 농산업 기술이 미래를 선도한다는 메시지가 담겨있다. 산업간 경계가 무너지는 빅 블러(Big blur) 시대의 선두에 농식품 기술이 자리잡고 있음을 인근 매장에서 키오스크(무인 정보단말기)로 주문하면서 피부로 느낀다. 애그테크(Ag-tech) 분야로 돈이 모인다. 2012년 31억 달러에 불과한 애그테크 분야의 자본은 2021년에 517억 달러로 크게 증가되었다. 자본과 우수 인력과 최첨단 기술과 과학이 농산업 분야로 몰려들고 있음을 실감한다.

지금 중동붐이 크게 일어난다. 사우디아라비아와 아랍 에미리트(UAE) 등 중동의 여러 나라와 교류 협력을 증진코자 다양한 노력을 기울인다. 잘하는 일이다. 외교나 경제 협력 증진은 하루아침에 되는 것이 아니다. 축적된 과거 외교 관계를 기초로 새로운 미래를 열어가는 것이다. 윤석열 대통령이 수출 증대를 위해 중동에 역점을 두고 있고, 중동의 여러 나라 최고 책임자가 방한하여 경제 외교적 관계를 증진하고 있다. 윤 대통령의 2023년 1월 아랍 에미리트(UAE) 순방에서 스마트팜 업체가 5,600만 달러의 큰 수출 계약(MOU)을 체결했다. 농산물을 수출하는 것이 아니라 농산물을 생산하는 기계나 장비, 고가의 소프트웨어를 수출했다. 지난해 농식품 수출액은 122억 달러 수준이다. 먹는 농산물과 식품뿐만 아니라 농기계, 자재, 스마트팜 등도 유망한 수출 품목이다. 이미 스마트팜이 여러 나라로부터 수출 러브콜을 받고 있고, 농기계와 자재, 동물용 의약품, 반려동물 식품(펫 푸드) 등도 상당량 수출되고 있다. 디지털 기술, AI(인공 지능), 로봇, 무인화 등 다양한 융복합 기술이 농식품 분야에 광범위하게 보급되어 고부가가치 산업으로 자리잡는다.

박근혜 대통령 시절이다. 우리 경제의 구조적 문제를 해결하기 위하여 박 대통령은 중동을 돌파구로 생각하신 것 같다. 인건비 상승, 내수 침체, 여소야대 등으로 국내시장의 활성화가 어렵다고 판단되었기 때문이다. 중동 시장을 역점적으로 개척한 것은 적절한 선택이었다. 필자는 aT(한국농수산 식품유통공사) 사장으로 2015년 아랍 에미리트(UAE) aT 해외 지사를 설립했다. UAE에 aT 중동 지사를 설립한 것은 큰 성공이었다. 농식품의 대이슬람권 시장 진출의 거점이 되었고, 수출이 획기적으로 늘어났다. 두바이 지사를 통해 우리 농식품의 대중동 시장 정보 수집, 박람회 개최, 시장 개척, 홍보 등 많은 역할을 했다. 중동이나 아프리카 해외 바이어들을 많이 만났다. 한국 기업인들을 격려하기 위해 만찬 자리에서 전혀 예상치 못한 아프리카 북부지역의 거대 바이어와 큰 규모 계약을 맺었다는 국내 기업인도 만났다. 약 25억 명 이슬람권 인구가 가지는 경제력은 대단하다. 이들을 대상으로 한국 식품 시장을 개척하는 것은 새로운 블루오션이다. 건강에 좋은 식품이나 신소재 등이 큰 인기를 끌 것으로 여겨진다.

박근혜 대통령을 수행하여 이란을 방문하면서 한국 농식품 홍보나 판매 행사, 김치 만들기 행사를 실시했다. 한국의 김치, 라면, 과자 등 가공식품이 이란 소비자들에게 인기가 높았다. 이란 여성들도 한국 음식을 매우 좋아했으며, 김치 등 한국음식 만들기 행사에도 적극 참여했다. 우리나라 농식품 업체들이 이란에 진출했고 다양한 한국 농식품이 홍보되었다. 이란을 방문하면서 현지 신문에 우리 식품 관련 기고도 했다. 중동에서 한류 열풍이 불고 있는 것은 잘 알려진 이야기다. 이란에서 개최된 각종 행사에서 박근혜 대통령은 이란 국민들의 열렬한 환영을 받았다. 박 대통령이 투숙하고 있는 호텔에서도 박 대통령을 보기 위해 많은 사람들이 몰려들었다. 테헤란 시내 체육관에서 개최된 문화행사에서 박 대통령이 신라 시대의 처용 이야기 등 우리와 이란과의 오랜 역사와 문화적 인연을 이야기하자 많은 이란 시민들이 열렬히 박수치고 환영하는 모습을 기억한다. 2016년 필자가 UAE로 가는 비행기 안에서 만난 한국전력 고위 관계자는 UAE 원전 수출은 이명박 대통령이 아니었으면 불가능했다고 강조했다. 과거의 경험과 실적이 현재를 만들고 있다. 독일과 프랑스의 관계를 보면서 한국과 일본의 미래를 생각한다. 과거를 토대로 미래를 개척해야 한다. 또 외국의 훌륭한 지도자들들의 판단과 결단력을 배워야 한다.

미래는 바이오(Bio), 배터리(Battery), 컴퓨터(Computer)의 머리글을 딴 'BBC 시대'라고 한다. 코로나19를 계기로 바이러스 저항성 식품과 면역력을 강화하는 음식에 대한 수요가 크게 증가했다. 농산물이나 약초를 신소재로 하는 바이오 회사나 제약회사가 글로벌 기업으로 대두한다. 경상북도가 높은 경쟁력을 가지는 이유이다. 경상북도와 대구시의 경제가 침체되고 인구가 줄어들어 큰 걱정을 한다. 경상북도는 약용작물이나 산야초 생산이 풍부하고 대마 특구 등 좋은 여건을 갖추고 있다. 대구시는 4개의 의과대학, 한의대, 약령시장을 보유하여 의료 인력과 기반이 풍부하다. 경북과 대구가 잘 융복합하면 '바이오 시대'를 선도해 갈 높은 경쟁력을 가진 산업을 육성할 수 있다. 7월 1일부터 군위군이 대구시에 편입되어 농업과 비농업, 농촌과 도시가 융복합되는 상황이다. 산적한 과제와 해결해야 할 현안이 앞에 놓여 있다. 지방과 중앙, 자치단체, 농업과 비농업 부문문이 융복합해서 돌파구를 찾아야 한다. '선배와 후배의 융복합', '과거와 미래의 융복합'이 대구 · 경북의 경제 침체를 돌파할 방안의 하나로 여겨진다.

“ 약 25억 명 이슬람권 인구가 가지는 경제력은 대단하다. 이들을 대상으로 한국 식품 시장을 개척하는 것은 새로운 블루오션이다. ”

감잎 닮은 복현인들의 비상을 기대하며

이상홍

경북대학교 전자공학과 74학번
성균관대 대학원 정보공학과 졸업 공학박사

현
단국대학교 석좌교수
수필가. 한국문인협회 회원

전
정보통신기획평가원(IITP) 원장
KT 파워텔 대표이사
KT 본부장, 전략실장, 중앙연구소장, 부원장
KT 연구원, 연구팀장
전자통신연구원(ETRI) 연구원

저서
《꽃의 향기 소통의 향기》(2013), 《꽃바위 언덕에 피는 꽃》(2018)

수상
전파신기술대상 대통령상(05), 지경부장관상(09)
해동기술대상(14), 경북대 자랑스런 동문상(15)

shleee0813@gmail.com

이상홍

세태는 바뀌고 기술은 변하지만,
세상이 돌아가는 기본 원리는 크게 변하지 않는다.
진심은 통하고 뿌리는 대로 거두어들이기 마련이다.

감잎 닮은 복현인들의 비상을 기대하며

인간은 살아가면서 다양한 사람들을 만나게 되고, 크고 작은 만남이 하나의 인연이 된다. 우리는 가족이나 친지로 맺어진 인연을 혈연, 어린 시절 태어난 지역을 중심으로 맺어진 인연을 지연, 그리고 책상머리를 마주하며 우정으로 맺은 인연을 학연이라 한다. 요즘은 혈연, 지연, 학연보다 더 끈끈해서 떼기 어려운 인연이 흡연이란 우스갯소리를 하기도 한다. 다른 인연들은 내가 선택할 수 없는 인연이지만, 학연은 그래도 내 의지가 조금은 반영된 인연일 수 있다. 특히 대학을 함께한 인연은 더 그러하지 않을까 싶다.

나는 1974년도에 경북대학교 공과대학 전자공학과에 입학했고, 군 복무를 마친 후 1980년에 졸업했으니 지금부터 40년이나 지난 시절에 복현동에서 대학생활을 보냈다. 2010년 IT대학으로 문패를 갈아 달던 해부터 재경 IT대학 총동문회장직을 맡아 8년 동안 활동하느라 여러 동문 선후배들과 가까이 지낼 수 있는 기회가 많았다.

한마디로 내가 가진 학연이 경북대라는 것이다.

대학 졸업 후에는 우리나라 통신서비스 사업의 대표주자라 할 수 있는 기업에서 30년이 넘게 연구원, 연구소장, 그리고 그룹사 사장을 포함한 관리자 생활을 해 왔다. 이어서 정부 산하 국가 ICT 연구개발을 총괄 관리하는 기관의 장으로도 근 4년을 근무했다. 최근에는 서울 인근 대학교의 교수로 연구과제 수행에 작은 힘을 보태고 있다.

연구기관에서 시작한 직장생활은 달랑 경북대학교 학사 졸업장 하나로는 버티기가 힘들었다. 좋게 이야기하면 부족한 역량을 채우기 위해서, 좀 더 솔직히 말하면 승진, 보직 부여와 같은 성취에 필요한 스펙을 채우기 위해 또 다른 학연이 필요했다. 시간을 쪼개 신촌에 있는 대학교, 그리고 수원시 장안구에 위치한 대학교에서 석박사 학위를 받으며 새로운 학연을 만들었다. 그 후에도 경영학적 소양을 키우기 위한 명분으로 신림동에 위치한 대학교, 그리고 안암동에 위치한 대학과도 동문이라는 학연을 맺게 되었다. 힘깨나 쓰는 대학들을 망라하여 무려 5개 대학의 졸업생인 셈이다. 그래도 아니 당연히 70년대에 교복 입고 입학식을 하고 교련복 입고 복현동 교정 누비며, 지도못을 돌아 일청담을 함께 걷던 그 인연이 진할 수밖에 없다.

내가 근무했던 40년간의 IT 분야 변화는 잠깐 언급하면 정말 눈이 부실 정도였다. 수년 아니 하루가 다르게 새로운 기술이 나타나 세상을 변화시켰다. 스마트폰이란 괴물이 나타나 수많은 기능을 한

번에 손바닥 안으로 삼켰고, 사회, 경제, 문화, 교육, 정치 등 모든 분야에 걸친 파괴와 혁신이 제4차 산업혁명이란 새로운 패러다임으로 진행되고 있다. 4차 산업혁명의 기반은 초연결(Hyper-connected)과 지능화(Intelligent)로 요약될 수 있는 ICT 기술이 아닐까 싶다. 초연결이 가능한 5G 망이 깔리며 Cloud, IoT 라는 새로운 서비스가 가속화되고. 지능화를 위한 AI기술의 발전은 Big Data를 학습하며 최근 얼굴을 내민 ChatGPT는 신상에도 불구하고 스마트폰 이상의 파괴력을 예고하고 있다.

4차 산업혁명의 핵심기술인 인공지능(AI)의 중요성이 커지면서 장비나 단말, 그리고 서비스에 음성인식을 포함한 인공지능 기술을 도입하는 것이 기본이 되었다. 이를 두고 AIIA(Artificial Intelligence in Anywhere) 라는 유행어가 만들어졌다. 한편 최첨단 IT 기술 연구나 사업의 현장에서, 또 글로벌 현장에서 복현동 출신을 만나는 건 그리 어렵지 않은 일이 되었다.

연초에 열리는 IT 기술 경연장인 CES나 MWC 현장, 그리고 미국 Silicon Valley에서도, 업무차 들른 몽골에서도 동문들을 만날 수 있었고, 특강차 내려간 진주나 순천에서도, 국방 관련 행사가 열린 계룡시에서도 복현동 출신 후배들을 만날 수 있었다. 태국에서 열린 국제행사, 프라하에서 열린 국제회의에서도 많은 복현동 동문들이 행사를 주도했다.

기술에서는 '인공지능 in Anywhere'이지만 IT 기술의 현장, 행사의 현장에는 '경북대 동문 in Anywhere'였다. 복현동 사람들은 전략, 기술, 재무, 영업, 글로벌 등 다양한 분야에서 4차 산업혁명을 견인할 최고의 역량을 가진 전문가로서의 역할을 다하고 있음을 쉽게 확인할 수 있었다. 나는 이들에게서 감꽃의 향기를 맡고, 단풍 든 감잎의 지혜를 읽었다.

수년 전 어느 가을이었다. 모교에 일정이 생겨 경북대 캠퍼스에 들어오다가 정문 주변에 늘어선 감나무를 보았다. 감을 주렁주렁 매단 채 정문 안팎에서 늘어서 있었다. 내 시선을 빼앗은 것은 큼직한 열매보다 주황색에 가까운 색깔로 물든 '감잎'이었다.

가을이 되어 변색한 주황색 감잎은 멀리서 볼 때 단풍잎이나 은행잎처럼 화려하지는 않다. 빨갛게 물들지도 않고, 노랗게 물들지도 않고 눈에 띄지 않게 조용히, 적당히 물들어가며 이 가을을 지켜내고 있다. 하지만 좀 더 집중해서 챙겨보면 그 수수해 보이던 주황색에서 그 어떤 색깔 이상의 따뜻함과 열정이 숨어 있음을 알 수 있다. 경북대를 졸업한 수많은 복현인이 저 감나무 잎과 같은 색깔을 가진 게 아닌가 하는 생각이 들었다.

감나무는 경북대의 교목으로 경북대를 상징하는 나무이다. 경북대 로고를 보면 한가운데 6개의 별 아래 진리 탐구를 상징하는 첨성대가 그려져 있고, 이를 감 꽃잎이 둘러쌓고 있는 형상이다. 경북대 교정의 한가운데 위치한 연못인 일청담의 형상이기도 하다. 감나무에 피는 감꽃은 봄에 피는 화려한 매화, 벚꽃, 사과꽃, 배꽃에 비해 크기도 작고 향도 그리 진하지 않다. 아래를 보고 숨어서 피고, 시기적으로도 늦게 펴서 잠시 핀 후 바로 져서 눈에 잘 띄지 않는다. 표가 크게 나지는 않지만, 그래도 자신의 일은 조용히 다한다.

꽤 오랫동안 기관을 관리하는 보직에서 재직하며 전국의 여러 대학 출신 직원들을 만났다. 함께하다 보면 출신 학교마다 조금씩은 서로 다른 특성을 알게 된다. 수도권 지역 출신에도 S대, Y대, K대 학생이 서로 다른 성격이 있고, 지방대학들도 제 나름의 색깔이 보인다.

복현동 출신들은 감꽃처럼 겉으로 잘 드러나지 않는다. 조금은 어눌한 말솜씨나 투박한 사투리 때문일지도 모른다. 어쩌면 스스로 드러내는 걸 어색해하거나 꺼리고 있기 때문이기도 할 것이다. 그렇다고 고개를 숙이고 가만히 있는 것만은 아니다. 조용히 자신에게 맡겨진 일을 하며, 천천히 조금씩 자기 자신의 내공을 쌓아간다. 눈치 빠르고, 입심 좋은 다른 동네 출신들이 앞에 나서 자신이 만든 빨간, 노란 잎들을 내세워 화려함을 과시하고 또 먼저 인정을 받기도 한다.

하지만 걱정할 필요가 없다. 빨간색이나 노란색처럼 화려함도 중요하지만, 수수한 주황색의 따뜻함과 꾸준함 또한 그 이상의 가치가 있기 때문이다. 그리고 그 속에 감춰진 내공이, 열정이 더 오래 가져가야 할 가치로 인정받을 수 있다. 단지 시간이 조금 더 걸릴 뿐이다. 조금 늦지만 더 높게, 더 멀리 가며 성공적인 직장생활을 보여주는 주변의 많은 복현 동문들을 보며, 그들이 바로 교목 감나무의 꽃, 그리고 단풍 든 감잎에서 그 지혜를 얻는 게 아닌가 싶다.

이상홍

세태는 바뀌고 기술은 변하지만, 세상이 돌아가는 기본 원리는 크게 변하지 않는다. 진심은 통하고 뿌리는 대로 거두어들이기 마련이다. 깊어가는 가을날, 주황색 감나무 단풍을 보며, 꾸준함, 우직함 이란 기본적 품성에 어디에도 치우치지 않는 따뜻한 가슴을 품는 방법을 배운 경북대 학연을 가진 젊은 복현인들의 더 높은 비상을 기대한다.

내 생애 최고의 여행, 산티아고 순례길

인생을 살면서 누구나 다양한 여행을 하게 된다. 내 삶을 더 반짝반짝 빛내기 위해 가기도 하고, 지친 몸과 마음을 충전하기 위해서 떠나기도 한다. 최근 수년 동안에는 코로나라는 복병이 발을 묶어 해외여행에 대한 갈증이 더 커지기도 했다. 나 역시 40년 가까운 직장생활을 하며 짬짬이 여행을 다녀오기도 했고, 주변인들 또는 대중매체를 통해 보고, 들은 귀한 여행 경험을 부러워하고, 또 꿈을 꾸기도 했다.

2017년 12월 31일로 아침 6시 기상하여 출근하면 저녁 10시가 되어야 마무리되는 한결같은 일상이 끝났다. 37년의 직장생활 중에 14년을 소장, 사장, 원장 등 기관의 책임자로 일했다. 성공적인 직장생활이었다는 표현보다는 여러 가지 운이 잘 맞았다는 것이 더 정확이다. 하지만 직책의 무게만큼이나 머리는 고갈되고 마음은 지치고 몸이 더 상했음도 사실이다.

똑같은 일상을 이어갈 또 다른 자리와 제안들이 없진 않았지만 다 뿌리치고 나 자신, 내 가족에 집중하기로 했다. 오랫동안 버킷 리스트 1번 자리를 차지하고 있던 일을 실행하기로 했다. 산티아고 순례길(Camino de Santiago)을 떠나는 일이었다. 결심은 했고 그 결심을 굳히기 위해 온 동네 소문을 내고 다녔지만, 구체적으로 따져보니 생각보다 훨씬 만만찮다는 것을 알게 되었다. 그것도 체력이 약한 아내랑 같이 하기에는….

산티아고 순례길은 산티아고 성인(우리 식으로 표현하면 야고보 성인)의 무덤이 있는 스페인 산티아고 데 콤포스텔라 대성당까지 걷는 순례길이다. 여러 갈래의 순례길이 있지만 가장 널리 알려진 길이 프랑스 길이다. 프랑스 국경도시 생쟁 피에드포르에서 시작하여 피레네 산맥을 넘어 메세타 대평원을 지나 대성당에 이르는 길이다. 우리나라 사람들이 가장 많이 걷는 길로 약 800km에 이른다. 여행사 패키지 프로그램을 챙겨보니 하루 평균 25km씩, 32일 정도를 걷는 고된 일정이었다.

겁은 났지만 도전하기로 했다. 어쨌든 일상에서 완전히 떠나 나 자신에 집중할 수 있는 가장 확실한 방법이란 생각이 들었다. 또 가톨릭 신자로서 신앙의 깊이를 좀 채울 필요성에도 잘 맞았기 때문이었다. 그리고 정 힘이 들면 며칠에 한 번씩은 차량으로 이동하는 것도 끝까지 다 걷기 위해 꼭 필요한 양보라는 전략(?)을 세움으로써 마음 속의 두려움을 조금은 극복할 수 있었고, 다른 사람 순례기에 자신감을 잃고 겁에 질린 아내를 달랠 수 있었다.

2018년 1월 3일 퇴임식을 끝낸 후, 3개월 동안 지난 4년간의 대전 생활을 마무리하는 책 준비에 매달렸다. 3월 16일《꽃바위 언덕에 피는 꽃》 발간 행사를 마친 딱 한 달 후인 4월 16일 프랑크푸르트행 루프트한자 비행기에 올랐다. 오랫동안 꿈꾸었던, 조금은 무모한 내 인생 최고의 여행이 시작되었다.

내 허리보다 높았던 피레네 산맥

피레네 산맥을 넘던 첫날 내 무모함이 여지없이 드러났다. 프랑스길의 첫날 일정은 해발 170m인 생쟁에서 출발한다. 1,450m의 콜데 뢰푀데르 언덕을 넘어 950m 산중에 위치한 론세스바예스 수도원 알베르게가 종착지이다. 아침 7시에 시작하여 27km를 9시간 걸어 도착하면서 허리에 탈이 난 것이다. 어쩌면 예견된 것이다. 책 발간, 배포 등으로 살짝 지친 몸에도 쉬지 않았던 사전 장거리 걷기 연습이 무리였다. 출발 전에 이미 내 몸은 신호를 보내고 있었다. 허리에 통증이 있어 인천공항 약국에서 허리 복대를 구매할 때 혹시나 했었다. 불길한 예감이 그대로 현실이 되고 말았다. 알베르게는 한 방에 2층 침대가 여러 개가 설치된 형태로 순례자들이 묵는 저렴한 숙소이다. 론세스바예스 수도원 알베르게에서 우리 부부에게 이층침대 상하가 배정되었다. 당연히 내 차지라고 생각한 이층침대의 위층이 아내 차지가 되었다. 다른 일행의 따가운 시선을 무시하고 내가 아래층으로 들어갈 수밖에 없었다.

한 달 일정으로 떠난 여행을 첫날 걷고 돌아갈 수는 없었다. 허리에 복대를 차고 배낭 무게는 최소화하고 하루를 더 걸어볼 수밖에 없었다. 걷는 중에 마실 물은 아내 배낭에 넣었다. 허리에 힘이 가지 않게 조심하며 이틀을 더 걸었다. 허리를 구부리거나 무거운 물건을 들기는 불편했지만, 배낭을 매고 서기만 하면 그런대로 걸을 수는 있었다. 통증이 심하면 준비해 간 진통제로 달래며 일주일을 더 걸었다. 그래도 차량을 이용하지 않고 버티었다. 아침 기도는 하루만 더 온전히 걷게 해달라는 간청이었고, 저녁 기도는 하루를 더 걷게 해 준 모든 것에 대한 감사였다.

허리가 불편하니 식사 준비, 가방 챙기고, 정리하기, 무거운 짐 옮기기도 모두 아내의 몫이었다. 참고 견디던 아내가 드디어 폭발했다. 왕비 대접해 준다고 꼬시길래 따라왔더니 왕비는커녕 무수리가 되었다고 속상해한다. 하루 25km라는 만만찮은 길을 걷는 것만으로도 힘이 들 텐데 내 뒤치다꺼리까지 해야 하니 얼마나 속상했을까 싶었다. 여기서 포기하지 않는 한 다른 방법이 없다. 달래고, 속은 서로 풀고 계속 걷는 수밖에…. 다음 날부터 나는 다시 이층침대 위층으로 기어 올라갔고, 정말 다행스럽게도 걷는 일을 계속할 수 있었다.

교만에는 경고가 따르는 법

그런대로 걸을만한 하루하루가 지나갔다. 걷는 일에 익숙해지면서 다 걸을 수 있겠다는 자신감이 들었다. 14일 동안 380여km를 걸었으니 일정의 반 정도가 지난 밤이었다. 두 번째 시련이 다가왔다. 보아디야 알베르게에서 내가 든 방에는 4개의 이층침대에 8명이 합방이었다. 내가 올라간 이층침대 위층에는 난간이 없었다. 아래층은 아내, 나머지 침대는 모두 여자들이다. 5월 1일이었지만 방안은 제법 쌀쌀했다. 위에는 패딩 점퍼를, 아래는 방수 바지까지 껴입고 침낭에 몸을 밀어넣었다. 여자들의 수다에 귀를 막으며 벽으로 머리를 돌리고 웅크려 일찌감치 잠을 청했다. 꿈속에서 나는 공중을 날랐고, 잠을 깨니 현실은 마룻바닥이었다.

바닥에 부딪히며 당연히 소리를 질렀고 다들 놀라 깨서 불을 켰다. 바닥에 널부러진 채 정신을 차리고 어디에 문제가 생겼는지 챙겼다. 손발은 움직일 수는 있었지만, 뒷목과 어깨에 충격이 있었다. 오른쪽 무릎에는 통증이 심했다. 우선 아픈 무릎과 뒷목에 파스를 붙이고, 아래층 아내 자리에 함께 끼어 누우며 방 분위기를 추슬렀다. 창피하고 부끄러운 마음에 후다닥 정리했지만, 충격 때문에 잠은 오지 않았다. 상황을 찬찬히 돌아보니 정말 운이 좋았다. 벽이 차가워 무의식중에 몸을 돌렸는데 경사진 매트리스 끝까지 밀리며 난간 없는 틈으로 미끄러져 떨어진 것이다. 머리를 다시 만져보니 정수리에 통증이 있고 부어 있다. 머리가 먼저 아래로 떨어졌는데 다행스럽게도 이층침대 올라갈 때 발 디디던 둥근 간이 의자에 일차로 머리가 부딪혔고, 다시 오른쪽 무릎부터 바닥에 떨어진 것이다. 간이 의자가 바로 그 자리에 있어 준 것에 감사하며 잠을 청했지만, 아내나 나나

밤새 악몽에 시달려야 했다.

돌아보면 허리가 견딜만하고, 걷는 일상에 익숙해지면서 나태해지고 주변을 보는 내 시선이 시니컬해지고 불만스러운 생각이 하나 둘 늘어난 게 사실이다. 이런 교만해진 내 생각에 대한 경고라는 생각이 들었다. 이 정도로 경고를 주고 아직 더 걸을 수 있는 기회를 준 것에 깊은 감사를 드렸다. 종교적인 체험을 끌어들이지 않더라도 인생사에는 불변의 진리가 있는 게 아닌가 싶다. 그냥 두면 기고만장하고 자만해지는 것이 인간의 속성이고, 그때마다 적당한 경고-그게 신이든 자연이든-가 내려진다. 그 사인을 눈치채고 순순히 받아들이면 기회가 있고, 그렇지 않으면 감당하기 어려운 상황에 빠진다.

허리에 신호가 온 것은 천천히 조심해서 걸으라는 경고였고, 낙상은 세상을 보는 교만해진 내 생각에 대한 경고였다고 믿는다.

치유와 화해의 귀한 경험

산티아고 순례길을 걷는 일정은 어쩌면 너무 단순하다. 걷고, 씻고, 먹고, 자는 것이 모두 다이다. 그중에서 가장 중요한 것이 걷는 일, 잘 걷는 것 그것 하나뿐이다. 잘 걷기 위해 챙겨 먹어야 하고, 불편한 잠자리지만 이겨내고 잘 자야 한다. 같이 걷지만 혼자 걷는 길이기도 하다. 하루 종일 걷는 일은 참으로 무료한 일이다. 무료한 시간을 걷다 보면 많은 생각을 하게 된다.

하루 종일 지루한 길을 걸으며 생각을 할 수 있다는 것이 순례길만이 줄 수 있는 아주 소중한 선물이다. 지내온 시간을 생각하게 되고, 함께했던 인연들, 가족들 그리고 내 앞에 펼쳐질 미래를 상상해 보게 된다. 내가 이룬 작은 성취도 돌아보게 되고, 해 왔던 일들이 진정 가치 있었을까? 나 때문에 상처받은 사람들은 없었을까? 반성하게 되기도 한다. 결국은 온전히 자신에게 집중할 시간을 가지게 된다. 평생을 살면서 언제 이런 시간을 가질 수 있을까? 자신을 버릴 수 있는 시간이기도 하고, 자신을 충전할 수 있는 기회이기도 하다. 순례길 전반부는 자신을 비우고, 후반부에는 비워 둔 자리에 다시 자신을 채울 수 있는 기회를 만들라고 권고하는 사람들도 많다.

부끄럽지만 내가 한 특별한 경험 하나를 보탠다. 산티아고 순례길에는 며칠 동안 포도밭 또는 밀밭으로 이어진 지평선만 보이는 구간이 있다. 대평원 메세타 구간이다. 더 이상 볼 것이 없는 지루한 풍경이 계속되던 어느 날이었다. 아내는 묵주기도를 하며 혼자 걷고 나의 머릿속은 과거로 돌아갔다. 지워지지 않고 깊숙이 숨겨져 있었던 어린 시절의 기억들이 스멀스멀 기어 나왔다. 그건 예쁘고, 좋은 기억이 아니라 수치스러운 기억, 감추고 있던 그런 기억이었다. 입에 꺼내기도 창피해서, 잊고 싶었던, 잊어버렸다고 생각했던 오래된 기억이었다. 생생하게 살아나는 그 부끄러운 기억을 히나하나 다시 짚어 보았다. 이미 대상은 없지만, 진심으로 빌고 오랫동안 용서를 구했다. 나도 모르게 눈물이 흘러나왔다. 짧지 않은 시간이 지나며 그 기억들이 내 머리를 완전히 떠나 멀리 허공으로 날아가는 느낌과 함께 용서와 화해가 완성되는 개운함이 돌아왔다. 전혀 예상하지 못한 경험이었다.

의미 있는 경험, 볼거리들

만만찮은 정신적인 그리고 육체적인 어려움을 이겨내어야 완성할 수 있는 산티아고 순례길은 앞서 언급한 지극히 개인적인 경험 말고도 참 많은 것을 보고 경험할 수 있는 기회이다.

페르돈 언덕(용서의 언덕)을 오르며 흘리는 땀방울에 내 마음속에 든 크고 작은 미움의 감정들을 담아 지울 수 있다. 이라체 수도원 공짜 와인 수도꼭지에서 나눔과 지나치지 않음의 의미를 배울 수 있다. 종교와 상관없이 기도발이 가장 잘 먹힌다는 철의 십자가에서 원은 빌고, 한은 풀 수 있다. 비, 추위, 바람을 판초 우의로 막으며 라파바 산길을 올라 안개 낀 산중 마을 오세브레이로에 도착하면, 감사의 마음이 절로 새어 나온다. 까리온 산타마리아 수녀원 수녀님들의 위문 공연, 성당에서 진행되는 순례자를 위한 기도는 몸과 마음이 지친 종교 무관 모든 순례자에게 큰 위안이다.

아름다운 다리와 중세 분위기가 그대로인 마을, 작은 마을 어디에서나 보이는 성당, 기대보다 훨씬 화려하고 웅장한 성전 제단, 서구의 오랜 가톨릭 역사를 담고 있는 다양한 양식의 건축물과 유적들, 전설 같은 이야깃거리도 순례길을 걷는 사람들에게 주는 의미 있는 볼거리이다.

노란 유채밭과 초록의 밀밭이 길 양가에 번갈아 가며 융단처럼 펼쳐진 길을 지나면 산 아래 멀리 그림처럼 펼쳐지는 산토도밍고 마을, 산안개를 헤치고 오른 언덕에서 만난 바람에 날리는 모자를 누르고 있는 산로께 순례자상, 29일 차 사리아를 지나 만나게 되는 100km 표지석, 종착지 4km 전인 몬테 델 고소 언덕에 오르면 보이는 대성당 첨탑은 목표를 향해 하나하나 이루어 간 작은 성취에 대한 멋진 보상이다.

800km를 다 걸어 도착한 대성당 앞 오브라이도 광장은 함께한 일행들과 뜨거운 포옹과 기쁨의 눈물을 나누는 자리이다. 아름다운 성당의 첨탑을 배경으로 자랑스러운 완주증을 들고 기념사진을 찍는 장소이다. 수사 6~7명의 힘에 의해 대성당 제단 좌우를 오가는 50kg이 넘는 대향로가 압권인 향로미사를 참관하는 일도 산티아고 순례길을 완주하며 얻게 되는 특별한 경험이다.

산티아고 순례길의 의미

산티아고 순례길(까미노)의 의미를 나름대로 정리해 본다.

우선 종교적인 의미가 담긴 순례길 그 이상의 길이다. 산티아고 대성당은 예루살렘, 바티칸과 함께 가톨릭 3대 성지 중의 하나이다. 예수를 따르는 12제자 중 한 명인 산티아고 성인의 무덤이 있는 곳을 향해 고행의 길을 걸으며 기도와 묵상을 이어가는 가톨릭 신자들의 순례길이다. 하지만 통계에 따르면 이 길을 걷는 사람들의 50% 이상이 종교적인 목적과 상관없이 걷고 있다. 자기 자신의 정신력에 도전하고, 체력을 시험하는 도전과 극복의 길로서의 의미가 더 크다. 그래서 산티아고 순례길이란 이름보다 산티아고 가는 길, 줄여서 까미노(Camino de Santiago)라고 부른다.

둘째, 눈, 코, 입, 마음이 호강하는 길이다. 파란 하늘, 지평선, 뒤에서 떠오르는 태양, 한밤의 별 보기, 노란 유채밭과 포도밭, 곳곳에서 숨어 핀 야생 들꽃들, 걷는 길이 다 그림이라 눈이 호강하는 길이다. 한반도에 사는 사람에게 숙명적인 황사, 미세먼지로부터 완벽하게 해방되어 맑은 공기를 만끽할 수 있다. 산림욕, 힐링이 가능한 숲길을 걸을 수 있어 코와 폐가 호강하는 길이다. 해물볶음밥 '빠헤야', 하몽이 든 샌드위치 '보까디요', 스페인식 오믈렛 '또르띠에', 순례자 메뉴에는 스페인 하우스 와인이 기본이다. 동네 슈퍼마켓에는 싱싱하고 값이 싸도 많이 싼 과일, 야채가 넘친다. 그야말로 입이 호강하는 길이다. 노란 화살표만 따라가면 길 잃을 염려 없다. 만사 다 던지고 근심 걱정을 버리고 오로지 노란 까미노 화살표 찾아 걷기만 하니 마음이 호강하는 길이다.

셋째, 육체적으로는 많이 힘든 길이다. 삐그덕거리는 이층침대 소리와 밤마다 벌어지는 코골이 합창을 견뎌야 하는 불편한 잠자리가 기본이다. 오르막만 힘든 게 아니고 미끄러운 내리막길이 더 치명적이기도 하다. 17km를 땡볕에 걸어야 하는 지루한 길, 비가 오면 진창길도 있다. 이런 길을 하루 평균 25km, 4만 보 이상을 매일 걸어야 한다는 것은 육체적으로 많이 힘든 일임에 틀림이 없다. 발에 물집이 생겨 터지는 게 당연하다. 견디고 걷다 보면 굳은 살이 생긴다.

많이 힘이 들면 준비해 간 의약의 힘을 빌리기도 해야 한다. 혹사한 몸이지만 아침에 깨면 자동적으로 걸을 준비를 하는 몸을 보며 신체의 놀라운 회복력을 확인하는 경험을 하는 길이기도 하다.

넷째, 자신을 돌아보고, 정리할 수 있는 기회의 길이다. 온전히 나 자신에게 투자하고 나 자신만 생각할 수 있는 시간을 가질 수 있다. 깊이 숨어 있는 내 아픔도 꺼내 치유하는 경험을 할 수도 있다. 힘든 육체 대신에 더 맑아지는 영혼을 경험한다. 버리는 마음, 작은 일에도 감사하는 마음, 주변을 용서하는 마음, 긍정적인 마음이 저절로 생기는 길이다. 실제로 주변 사람의 사망, 실연, 실패 등의 특별한 마음의 상처가 있는 사람들을 까미노에서 쉽게 만날 수 있다. 까미노를 통해 그 아픔을 극복하고, 새로운 힘을 얻는 사연들도 영화나 글로 많이 접한다.

마지막으로 가벼운 여행으로 계획해도 충분히 좋은 길이다. 반드시 험한 잠자리에서 자며 전 과정을 다 걷는 고행의 순례길이 아니어도 좋다. 일정 구간을 선택하여 걷고 즐기는 장거리 트레킹으로 다녀도 멋진 길이다. 힘이 들면 일부 구간을 차량을 이용해도 된다. 짐이 무거우면 동키 서비스를 이용할 수 있다. 며칠에 한 번씩은 호스텔에 숙소를 잡아 단층 침대방과 개별 욕실에서 편안한 샤워를 하는 호화로운 밤을 보낼 수도 있다. 결국은 까미노는 내 체력, 내가 확보할 수 있는 시간, 경제적 상황을 고려하여 내가 계획하고 나에게 적당한 전략을 세워 떠날 수 있는 길이다.

정리, 그리고 새로운 꿈

나는 2018년 5월 22일, 32일의 순례길 걷기를 포함한 40일간의 산티아고 여행을 마치고 돌아왔다. 온전치 못했던 허리에 누적된 피로는 이틀간의 입원과 시술이라는 진통을 겪게 했다. 하지만 나의 산티아고 순례길 도전은 성공적이었다고 자부한다. 허리 고장과 부상 등의 육체적인 어려움을 극복하고 내 발로 800km를 다 걸었다는 것이 가져다주는 자신감도 컸다. 아울러 온전히 나 자신만을 위해 집중할 수 있었던 시간, 그리고 그런 과정을 통해 얻을 수 있었던 정신적인 안정이 더 큰 소득이었다. 몸이 기억하는 37년 일상에서 굳어진 버릇에서 자연스럽게 벗어날 수 있었고, 채 다 내려놓지 못한 미련과 아쉬운 마음, 작은 원망들로부터도 거리를 둘 수 있게 되었다.

하나 더 꼭 보태야 할 것은 아내와 함께한 시간이다. 잠자는 시간 포함해서 하루 8시간 함께하는 것이 고작이던 아내와 무려 40일을 24시간 동안 꼬박 붙어서 자고, 먹고, 걸으며 함께했다. 험한 길을 걸으며 피곤한 몸에 작은 부딪힘이 당연히 있었지만, 잘 극복하고 같은 비행기 옆자리에 앉아 돌아왔다. 내 인생에 이보다 더한 경험, 짜릿한 모험, 더 큰 여행이 어디 있을까 싶다.

걷는 일에 맛을 느낀 우리 부부는 그 후에도 국내외 트레킹을 여러 곳 찾아다녔다. 뉴질랜드 밀포드 트레킹, 스위스 인터라켄 트레킹을 아내와 함께 다녀왔다. 이탈리아 돌로미테 트레킹과 중국 차마고도도 걸었다. 코로나로 발이 묶인 3년간은 서울둘레길, 북한산둘레길, 양평물소리길, 경기옛길, 한티가는길 그리고 제주 올레길 등 국내

둘레길을 챙겨 걸었다. 코로나가 조용해지던 작년에는 캐나다 로키 트레킹을, 올해는 일본 큐슈 올레를 아내와 함께 다녀왔다.

그동안 걸은 여러 트레킹 중에서도 산티아고 순례길이 지금까지 내 생애에 있어서 최고의 여행임에 틀림이 없다. 하지만 나는 아직도 꿈꾼다. 내 몸을 깨우고 내 마음을 흔들 또 다른 트레킹 길을….

긴 글을 마무리하며 일에 지친, 또는 일을 마친 후배들에게 권한다. 과감하게 던지고 떠나서 걷기를. 가벼운 여행보다는 몸도 마음도 적당히 지칠만한 거친 길-종교 유무에 따라 산티아고 순례길이 되어도 되고 까미노가 되어도 좋고- 걷기를 권한다. 앞만 보고 사느라 내가 놓친 옆도 챙겨보고, 뒤에 처져 있는 주변도 돌아볼 시간을 갖기를 강력히 권한다. 그러다 보면 나 자신을 다시 볼 수 있을 것이다. 나도 모르는 사이에 식어버린 내 가슴에 따뜻한 온기를 되찾고, 새로운 환경에 적응할 힘과 여유도 생길 것이다.

정상에 서려는 자,
그 센 바람을 견뎌라

하재권

경북대학교 공과대학 전자공학과 76학번
경북대학교 대학원 전자공학 석사
충남대학교 대학원 전자공학 박사

현
블루웨이브텔(주) 대표이사 CEO

활동
ICT 관련 국내외 전시회(MWC, CES 등) 및 시장 개척 활동 20개국 50회 이상
국내외 정보통신 관련 학회 논문 25편 이상 발표 및 등록
국내 특허 10개 등록
ITU-R(국제전기통신연합-Radio) 국제표준화회의(스위스, 제네바)
한국 대표 참석
한국전자파학회 종신회원 및 1995년 국내 최초 안테나 기술 워크숍 기획 추진 간사
한국전자통신연구원(ETRI) 전자교환기, 광통신 및 위성통신 시스템 연구 개발
대구 사회자원봉사단 초대단장(1980년)

블루웨이브텔(주) 홈페이지 www.bluewavetel.com
페이스북 https://www.facebook.com/jaekwon.ha.92

jkha@bluewavetel.com/ hajaekwon@daum.net/ a54524257@gmail.com

하재권

남들보다 조금 늦어지더라도

천천히 걸으면서 포기하지 않는다면,

언젠가는 정상에 오를 수 있으리라는 희망을 갖고 있다.

정상에 서려는 자, 그 센 바람을 견뎌라

벤처 기업을 창업하고 초기에는 CTO 역할까지 겸하면서 어쨌든 23년을 살아남았다. 그때나 지금이나 해가 바뀌면, '작년은 그럭저럭 버티어 냈다. 올해는 또 어떻게 살아야 하나?'를 고민한다. 생존을 위해 매년 피 튀기며 살았지만, 까딱 잘못하면 허울밖에 없는 위험천만한 삶일 수 있겠다는 생각을 한다. 엄습해 오는 불안을 혼자서 삭일 수밖에 없었다.

누구에게 CEO의 불안한 마음을 터놓고 얘기할 수 있겠는가. 우울하고 괴로울 땐 딱히 갈만한 나만의 휴식 공간-케렌시아(Querencia)도 없거니와 술을 즐기는 편도 아니다. 쏟아지는 스트레스를 풀기 위해 책을 읽거나 어떤 주제의 글을 쓰려고 몰두하면서 다른 생각이 비집고 들어올 틈을 주지 않았다.

주말에는 등산을 하거나 MTB(Mountain Bike) 자전거를 타고 땀을 흘린다. 자전거를 타고 먼길을 달리거나 길고 경사진 오르막을 오르다 보면 숨은 턱까지 차오르고, 몸속 에너지를 다 태우고, 마지막 남은 힘-인내력을 동원하기 시작한다. 이때는 무겁고 복잡한 생각조차 머릿속에서 다 비워내지 않으면 안 된다. 그렇게 머릿속을 하얗게 태워버리고 나면 마음은 다소 안정되면서 새로운 결의로 마음을 다지고, 다시 꿈과 희망을 생각하게 된다. 비록 내일이 오면, 그 꿈과 희망이 헛된 약속이 될지라도….

세상은 우리가 원하는 대로 흘러가지 않으며, 때로는 내려놓고 세상의 흐름에 맡겨야 할 때가 있음을 알았다. 그렇지만, 남들보다 조금 늦어지더라도 천천히 걸으면서, 포기하지 않는다면, 언젠가는 정상에 오를 수 있으리라는 희망을 갖고 있다. 기업 연구소와 국책 연구소 연구원, 대학교 교수, 벤처 기업 CEO로 41년째 직장생활을 이어오면서 지금이 내 인생에서 가장 보람 있고 의미 있는 절정의 시기라고 생각한다.

유발 하라리는 그의 저서 《호모 데우스》에서 "신이 되려는 자, 그 무게를 견뎌라"라고 했고, 셰익스피어도 "왕이 되려는 자, 그 무게를 견뎌라"라고 했다.

그 센 바람을 견뎌라

나는 땅과 백성도 없고 왕관도 없으므로 왕이 되려는 것도 아니다.

확신에 찬 신념이 때론 고집과 아집이었음을 알게 되면서

어떤 영역의 신이 되려는 꿈과 야망도 벗어 던졌다.

넘어지고 깨지며 많은 것을 잃었지만, 또한 많은 것을 얻었다.
온몸을 짓누르는 무게가 버겁지만,
견디며 천천히 걸을 수는 있겠다.
이 무게와 고통을 극복한 사람들을 만나면,
물어볼 것이 많이 있다.
정상은 얼마나 더 가야 하고, 얼마나 더 참고 견뎌야 하는지
정상에 올랐던 사람들의 사고와 행동은 남들과 무엇이 다른지
정상에 가려면 얼마나 많이 넘어지고 더 깨어져야 하는지
덕과 운과 기가 부족했다면,
더 쌓고 더 모아서 다시 도전할 일이다.
시간과 기회는 무한하지 않고 어떤 이에게는 허락되지 않을 때,
조용히 내려놓는 법도 배워야겠다.
선택받은 그들만 오를 수 있었던 정상.
그 정상에는 언제나 더 센 바람이 분다.
유발 하라리와 셰익스피어가 했던 말처럼,
그들은 이렇게 외쳤을 거다.
"정상에 서려는 자, 그 센 바람을 견뎌라."

자본주의 체제에서는 기업을 경영하는 CEO, 그중에서도 벤처 기업의 CEO가 가장 멋진 직업이라고 했다. 다만, 그들의 기업이 지속적으로 살아남을 수 있다는 확신이 있다면….

대부분의 좋은 직장과 직업일수록 내부를 들여다보면 엄청난 경

쟁과 스트레스가 존재한다. 건전한 경쟁과 스트레스는 오히려 기업과 개인, 더 나아가서는 사회와 국가를 건전하게 성장 발전시키고 더 나은 세상을 만들 수 있다는 신념을 갖고 있다.

ICT(Information and Communications Technology) 분야 소재 · 부품 · 모듈 기술 개발 분야에서 생존하면서 언제나 이 생태계(Echo-system, Value Chain or Supply Chain)의 정점에 있는 서비스 제공자들과 SI(System Integration) 업체들이 부러웠다. 우리 사업은 전형적인 B2B 사업 생태계에서 가장 하위 계층에 해당된다.

자신보다 10배 재산이 많으면 그를 시기하거나 질투하고, 100배 재산이 많으면 그를 두려워하고, 1,000배 재산이 많으면 그에게 고용되고, 10,000배 재산이 많으면 그의 노예가 된다고 했다. ICT 사업 생태계에서도 상위 파트너일수록 사업 규모와 매출이 훨씬 크겠지만, 그런 것 때문에 그들을 부러워하거나 두려워하는 것은 아니다. 그들은 더 높은 곳에서 더 멀리 보고 기술 발전과 시장 변화를 빨리 읽어내고, 고부가 사업을 펼칠 수 있는 사업 기회와 안목을 갖고 있기 때문이다.

대부분의 ICT 생태계의 소재 기업들은 부품 기업들을 부러워하고 부품 기업들은 모듈 관련 기업들을 부러워하고, 모듈 기업들은 시스템 기업들을 부러워하고 시스템 기업들 역시 서비스 제공자들과 SI(System Integration) 업체들을 부러워한다.

혁신적이고 파괴적 기술과 아이템으로 빠른 성장과 변화를 추구하는 ICT 생태계에서는 구성 계층 간의 건전한 협력 관계가 매우 중요하다. 생태계 상위 계층인 '갑'이 하위 계층인 '을'과 '병', '정'을 쥐어짜는 과거 방식으로는 경쟁력 확보와 성장 발전은 기대하기 어렵고 현상 유지조차 어렵다.

'병'과 '정'으로 살아남기

기업 간 네트워크와 협력 생태계 관련 교류회에 참석하게 되면, 나는 이렇게 인사한다.

"저는 ICT 생태계의 소재 부품 모듈 개발 공급을 책임지는 블루웨이브텔(주)의 CEO입니다. 무선 시스템과 무선 서비스의 경쟁력을 당사가 개발 공급하는 RF용 첨단 소재 부품과 모듈로 제공하겠습니다. 협력 기업들과 더불어 성장해 나갈 수 있도록 최선을 다하겠습니다."

계약과 협약에서 우리는 '을'도 되지 못하고 늘 '병'과 '정'이다. 그래서 우스갯소리로 "저는 을도 아니고 병과 정입니다"라고 말한다. 그러나 이런 말 속에서 '슈퍼 병'과 '슈퍼 정'이 되고 싶다는 중소기업 CEO의 마음을 읽는 사람들도 있다. '갑(GAP)'이 얼마나 부러웠으면 해외 'GAP' 매장 앞에서 사진을 남기기도 한다.

세상은 겸손하고 낮출수록 손해보는 일도 많지만, 가장 밑바닥에서 살아남기 위해서는 가장 겸손하게 행동할 수밖에 없다. 생태계의 가장 밑바닥에서 살다 보니, 상위 생태계에 존재하는 '갑'의 생각과 이야기가 궁금하고 그들의 고민과 가려운 부분은 무엇일까에 큰 관심을 갖는다. 사업을 시작하고 사람을 만나면서는 세상 모든 사람들이 나의 '갑'이 될 수 있다고 생각한다. 그래서 내가 만나거나 스쳐 지나가는 사람일지라도 그들에 대한 호기심을 늘 가지고 있다. 그들은 무엇을 생각하고, 왜 저렇게 행동하고 생각할까.

상대방을 더 이해하고 자세히 알아서 좋은 관계를 형성하거나 사업적 연계가 가능할 것인가를 알기 위해, 그들의 말을 경청하고 그들의 행동을 주의 깊게 관찰하는 나쁜 버릇(?)을 갖게 되었다. 그래서 이름은 기억하지 못해도 그가 어떤 사람인지는 기억하는 경우가 많았다. 그동안 많은 국내외 전시회와 시장 개척 활동에서 사람들을 만나면서 다음과 같은 나만의 미팅 방법과 원칙을 만들었다.

고객 미팅 방법과 원칙

첫째, 방문 고객이 먼저 질문하는 경우가 아니면, 처음부터 사업 이야기를 하지 않는다. 물론 내가 방문하여 미팅하는 경우에는 바로 핵심으로 들어간다. 나도 바쁜 사람이다.

둘째, 상대방의 관심 분야를 파악하기 위해서는 내가 먼저 질문하고 그들의 이야기를 듣는다.

셋째, 상대방이 관심을 갖고 듣고 싶어 하는 기술과 제품일지라도 너무 깊고 넓게 이야기하지 않는다. 짧게 재단하여 전달한다. 그렇지 않으면 그들이 진짜 듣고 싶거나 내가 진짜 알고 싶은 이야기를 할 시간을 충분히 확보할 수 없다. 우리 모두 바쁜 사람들이다.

넷째, 만나거나 방문한 모두가 고객이 되지 않는다. 하물며 B2B 관련 분야 기술과 제품에 대한 기본 지식과 준비가 없다면, 무례하지 않은 범위에서 더 이상 시간을 낭비하지 않는다. 빨리 다음 손님을 기다리며 준비하는 것이 좋다. 당신은 한가할지 몰라도, 나는 힘들고 지친다.

좋은 관계 형성이 사업의 기본

몇 년 전, 페루 리마에서 기업가와 사업 미팅을 하면서 그와 나눈 대화는 아직도 생생하게 기억한다. 그날도 상대방과 그의 관심 분야를 알고 그의 눈높이에서 우리 기술과 제품을 소개하려고 "주말에는 뭘 하냐?"라는 일반적인 질문을 던졌다. 그는 해변 별장에 가서 요트를 타고 낚시한다고 했다. "아, 네가 대단히 부럽다. 너 어떻게 그렇게 부자가 될 수 있었냐?"라고 물었더니, 어릴 때부터 아버지와 그렇게 살았다고 하면서 미국 유학 이야기며, 세계 여행 이야기를 신이 나서 한다. 나는 "아 그렇구나", "네 가문이 부자였구나. 네 가족들도 대단하구나", "재미있게 사는구나", "네가 부럽다", "나도 그렇게 살고 싶어서 여기까지 출장 왔다", "나중에 다시 오면, 요트 낚시 초대할 수 있니?" 주로 이런 식으로 맞장구를 치면서 계속 호기심과 관심을 보이며 질문하다 보니, 이미 약속된 미팅 시간이 훌쩍 지나갔다. 다음 예약 손님이 기다리고 있다는 사인이 계속 들어왔다. 결국 그에게 우리 기업 소개와 제품에 대한 이야기는 하나도 하지 못했다.

그런데 미팅이 끝나고 나중에 현지 매칭 주관기관인 KOTRA 페루 관계자로부터 뜻밖의 이야기를 전해 들었다. 현지 유력 사업가가 블루웨이텔㈜이 사업 협력 파트너로 최고였다고 했다는 것이었다. 우리 회사 기술과 제품에 관해 그와 어떤 이야기도 나누지 못했는데…. 이것이 바로, 세상 사람들과의 소통 방법이고, 좋은 관계를 형성하는 방법이다. 이게 어디 페루에서만 통하는 사업 방법이고 사람 사귀는 방법이겠는가.

오늘도 나는 '병'과 '정'이 넘쳐나는 레드오션에서 뒹굴고 있지만, 블루오션보다 더 큰 블루스카이 속을 떠다니는 꿈을 꾼다.

블루스카이

피 튀기는 레드오션에서도
살기 위해 발버둥치다 보면,
몇 번의 숨쉴 기회는 찾아온다.
잔뜩 물을 먹고
숨넘어가려는 순간
물 밖으로 고개를 쳐들고,
마지막일지 모를 긴 숨을 들이켰다.
피 튀기는 싸움에 지쳐
이 붉은 바다가 편안하다고 느껴질 때,

만감이 교차하고 그동안 흘린 피와 땀과 눈물이

허무하다고 느껴질 때,

악에 받친 마지막 숨을 몰아쉬며,

온몸을 던졌다.

…

세상이 뒤집어졌다.

푸른 하늘이 보인다.

두 바다보다 더 큰

푸른 하늘이 보인다.

" 사업을 시작하고 사람을 만나면
서는 세상 모든 사람들이 나의
'갑'이 될 수 있다고 생각한다. "

운명과도 같은 리투아니아에서의 사업

박광범

경북대학교 치과대학 79학번
경북대학교 치의학과 석사, 박사

현
(주)메가젠임플란트 CEO
미르치과병원 공동원장
KNU비즈니스포럼 초대회장

전
미국 UCLA 치과대학 치주과 방문연구원(2000~2001)
일본 악교합학회(Japanese Orthodontic Society) 지도의
미국 임플란트학회(AO) 멤버
미국 치주과학회 (American Academy of Periodontology) 정회원
대구경북첨단벤처기업연합회장

저서
《나는 치과의사다》

수상
대구산업대상 경영대상(2023), 1억불 수출의 탑(2022)
HEI(Humane Entrepreneurship Initiative) Award 수상(2019) 외 다수

박광범

시장과 경영 환경이 중요하고
이에 대한 분석과 대응을 강조하고 있지만,
이 또한 적절히 수행할 '사람들'이
있지 않고서는 의미가 없었다.

운명과도 같은 리투아니아에서의 사업

코로나가 엔데믹 되면서 대부분의 국가가 국경을 열고 코로나 이전의 정상적인 활동을 되찾기 위해 무진 애를 쓰고 있다.

2019년 초에 방문한 이래로 거의 4년 만에 리투아니아를 찾았다. 러시아와 우크라이나가 전쟁하는 바람에 북극 항로를 이용할 수 없게 되어, 이스탄불을 거쳐 빌리우스까지 오는데 거의 18시간이나 걸렸다. 그저께 정오쯤 도착해서, 이곳의 치과대학 관계자들과 협력 조인식을 하고, 학장 등 교수들과 여러 현안에 대해 대화를 나누는 저녁 시간을 가졌다.

어제는 아침부터 저녁까지 현지의 유명인사들과 함께 강의를 했다. 내가 회사의 대표로서 이곳 치과의사들에게 전달하고자 하는 바도 있지만, 현지 유력 치과의사들의 강의를 듣고 있다 보면, 이들이 어떤 생각을 하고, 어떤 어려움이나 문제점들을 갖고 있는지 확인할 수 있다. 그래서 내 강의를 마치고도 계속 강의실에 남아 그들의 강의 듣는 것을 즐긴다.

요즘 이곳에서는 임플란트의 실패가 화두가 되고 있다. 힘들게 수술한 임플란트가 실패하면 환자도 힘들지만, 그 치료를 한 치과의사도 여간 곤혹스러운 것이 아니다. 물론 이를 수복하기 위한 방법들이 있지만, 그 과정이 일반적인 치료에 비해 훨씬 어려운데, 환자의 신뢰마저 금이 가니 재치료에 들어가는 치과의사의 마음 또한 편할 수가 없다. 어디서 문제가 생기고, 어떻게 조기 발견을 하며, 어떤 예방조치를 해야 하는지, 이런 이야기들이 강의의 대부분을 이루었다.

인구 3백만 명 남짓한 리투아니아에서 임플란트하는 약 4백 명의 치과의사 중 130명이 참가한 '메가젠 이벤트'였으니, 가히 국가적 행사라고 해도 될만했다. 이들의 진지함에 감사했고, 그들이 가진 문제들에 대해 한국적인 해결책을 전달해 줄 수 있어서 기뻤다. 주요 키닥터들과 근사한 저녁을 하고, 선잠을 자는 둥 마는 둥, 새벽 일찍 공항으로 향했다. 도착한 후 40시간 만에 떠나는 셈이다. 돌아가는 길도 15시간 정도 걸릴 예정이니, 이번 출장의 절반은 공중에서 보냈다. 그래도 오랜만에 즐겁게 옛 친구들을 만나서 좋았고, 그들과 교감하는 강의를 주고받을 수 있어서 좋았다.

세상에 참 많은 나라가 있고, 경제적으로나 전략적인 중요성에 있어서 훨씬 큰 나라들이 많음에도, 내가 리투아니아에 유독 정성을 들이는 이유에 대해 궁금해하는 분들이 많다. 물론 내게는 리투아니아와 특별한 인연이 있다. 이 글에서 그 스토리를 풀어 보려고 한다.

한국인에게 어울리는 임플란트 회사 창립

현재 경영하고 있는 ㈜메가젠임플란트라는 회사는 2002년에 설립되었다. 90년대 초반부터 말까지 대한민국 곳곳을 돌아다니면서 함께 강의했던 동료들이 당시 미국, 유럽산 임플란트에 대한 한계성을 느끼고, 우리나라 환자분들께 더 잘 어울리는 임플란트 회사를 만들어 보자는 생각에서 출발했다. 생각은 훌륭했지만, 다 만들어진 임플란트를 어떻게 사용하느냐에 대해서만 고민했던 임상가들이 임플란트를 어떻게 제작하고, 회사 체계를 어떻게 운영하여야 하는지에 대해서는 거의 무지했다. 게다가 인허가가 가장 까다로운 치과용 임플란트라는 필드에 도전했으니….

2002년에 회사를 등록하고, 첫 제품의 한국 인허가를 받는 데까지 2년하고도 10개월이라는 시간이 걸렸다. 수입은 전혀 없는 상태에서 거의 3년이라는 시간을 보냈으니, 비록 적은 수의 직원과 함께 운영했어도 경제적인 어려움이 상당했다. 재무담당자로부터 "다음 달 월급을 지급하기 어렵다"는 이야기를 듣고는 이제 그냥 접어야겠다고 생각했다. 부족한 자금을 지원하기 위해 개인적으로 동원할 수 있는 모든 재원을 이미 쏟아부은 터라 더 이상 버티기 어려웠다. 그런 상태에서 D-day를 향해 가고 있었는데, 마지막 2주를 남기고 식약청으로부터 인허가가 떨어졌다는 소식이 전해졌다. 이런 것을 천우신조라고 하는가 보다! 극적으로 위기에서 탈출하고, 회사는 안정을 찾아 나갔다. 처음 생각했던, 가장 한국적인 임플란트 시스템을 위한 연구와 개발도 이어져 상당한 호응을 받게 되었다.

첫 해외진출, 리투아니아

2006년, 드디어 해외 진출의 기초가 되는 미국 및 유럽에 대한 인허가를 획득하게 되었다. 회사를 설립하면서, 이 분야에서 제대로 된 역할을 하려면, 임플란트의 종주국이라는 유럽과 미국에서 세계적으로 유명한 회사들과 겨루어 이겨야 한다고 다짐했던 터라, 이 인증서는 메가젠임플란트의 본격적인 활동을 할 수 있는 신호탄과 같은 것이었다. 하지만 대한민국의 조그만 회사, 그것도 업력이 5년도 안 되는 회사에 관심을 갖는 딜러가 없었다. 해외의 유명 전시회에 참가하는 것이 가장 좋은 방법이었지만, 그 비용도 큰 부담이 되어 주저되는 때였다. 그때 처음으로 영문으로 된 웹사이트를 간단히 만들어 회사와 제품, 그리고 우리의 생각을 정리해서 올리고 글로벌 딜러, 특히 유럽에서의 딜러를 찾고 있다는 글을 올렸다. 누가 이런 웹사이트에 접속해서 연락할까 반신반의했지만, 불과 한 달여 만에 유럽에서 우리의 대리점을 하고 싶다는 연락이 접수되었다는 보고를 받았다.

"어디라고?"

"리투아니아라고 합니다."

"리투아니아가 어디에 있는 나란데?"

"잘 모르겠지만, 소련연방에서 독립한 지 얼마 되지 않은 작은 나라라고 합니다."

이게 첫 대화였다고 기억한다. '꽃보다 할배'라는 TV 프로그램에서 발트 3국의 하나로 소개된 이후로 지금은 많은 한국 관광객들이 찾고 있지만, 당시엔 리투아니아를 알고 있던 분들이 주변에 거의 없었다. 어쨌거나 유럽으로의 길이 열리게 되었으니 기쁠 뿐!

그해 가을, 이탈리아 나폴리에서 임플란트 학회가 있어서 일부 동료 치과의사들과 참석하기로 했는데, 학회에 가는 길에 동료들과 떨어져 리투아니아를 들러보기로 했다. 수도인 빌리우스 공항에 도착하니, 젊은 남녀가 마중 나와 있었다. Bechara와 Monika. 20대 후반의 젊은 친구들이었는데, Bechara는 레바논 출신으로 이곳 카우나스 치과대학을 졸업하고 구강외과 수련을 받고 있는 중이었고, Monika는 그의 여자친구로 법대를 졸업한 변호사였다.

작은 공항을 벗어나 빌리우스의 올드타운에 있는 호텔로 가는 동안 차창으로 보이는 거리 풍경은 우리의 시골과 별로 다르지 않았다. 그때만 해도 구소련의 테를 벗어나지 않은 소련연방의 노시들과 비슷했다. 차이가 있다면 다른 소련연방의 도시와는 달리 사람들의 표정이 밝고 매우 친절했다. Monika와 Bechara로부터 좋은 대접을 받으면서 이들이 우리 임플란트에 관심을 갖게 된 이유, 또 향후의 비즈니스 플랜을 듣고 의견을 나누었다. 곧 다시 돌아오겠다고 약속하고 학회가 열리는 나폴리로 향했다.

다시 찾은 리투아니아

한국에 돌아와서 주요 인사들에게 리투아니아라는 나라와 그곳의 사람들에 대해 이야기하자 너도나도 가보고 싶어 했다. 2007년

봄, 강의를 핑계 삼아 20여 명의 치과의사와 가족들을 데리고 다시 리투아니아를 방문했다. 수도인 빌리우스와 카우나스(영화 '한니발 라이징'에서 한니발의 고향!)에서 두 번의 강의를 마친 다음 리투아니아 투어에 나섰다. Bechara와 Monika는 우리를 위해 시골에 있는 큰 주택 하나를 통째로 빌려주었다. 저녁 식사와 함께 리투아니아의 맥주와 보드카로 다들 거나하게 취했는데, Bechara가 사우나를 하자고 했다. 리투아니아도 위도상 상당히 북쪽에 있으므로, 겨울이 길었다. 사람들은 이 긴 겨울을 슬기롭게 견딜 수 있도록 대부분의 개인주택에 사우나를 만들어둔다고 했다. 4월이었지만 아직 밤기운이 찼는데, 핀란드식과 비슷한 사우나에서 몸을 데우고, 문밖에 있는 커다란 물통으로 몇 번이나 점프했다. 다음 날부터 해안도시인 Klaipeda, Palanga, Nida 등의 명승지를 관광하면서 다들 색다른 풍경과 문화를 만끽했다. 그중에서도 리투아니아의 맥주인 슈비츄리스('등대'라는 뜻)는 우리 모두의 입맛을 완전히 사로잡았다. 한국에 돌아와서도 그 맥주맛을 잊지 못한 동료들의 청으로 인해, 주류 면허를 받고 슈비츄리스 맥주를 한국으로 수입하는, 팔자에 없는 주류 수입상이 되기도 했다.

최고의 시설을 가진 미르치과병원 개설

정말 즐거운 일주일간의 여행을 마치고 공항으로 가는 길에 이곳 리투아니아에 최고의 시설을 가진 미르치과병원을 하나 만들면 어떨까 하는 이야기가 나왔다(참가자의 대부분이 전국의 미르치과병원 원장들이었다). 농담으로 시작한 이야기가 점차 심각하게 흘러 진짜로 프로젝트가 추진되었고, 2009년에 당시에는 최고의 시설을 자랑하는 리투아니아 미르치과가 오픈하게 되었다. 장소를 정하고 설계를 하는 중에, 리투아니아에는 우리가 흔히 사용하는 인테리어용 자재가 없다는 것을 확인하고 좌절하기도 했다. 한국 스타일의 멋진 치과를 만드는 것이 목표였으므로 하는 수 없이 모든 자재를 한국에서 수배하고 컨테이너로 실어 보내게 되었다.

힘든 과정이었지만, 아름답고도 품격 있는 리투아니아 미르치과의 출범을 알리는 오프닝 세레모니를 하니, 많은 현지 치과의사들이 찾아와서 감탄과 축하를 해주어 보람을 느낄 수 있었다.

이런 활동들이 알려지자, 카우나스 치과대학에 임플란트센터를 만들면 어떻겠냐는 의견이 접수되었다. 대개 대학들은 객관성을 유지하기 위해 회사의 지원에 대해 신중한 편이었지만, 우리들의 순수한 의도를 높게 평가해서인지, 카우나스 치과대학의 Kubilius 학장이 적극적으로 지원해 주었다. 이런 과정을 거쳐 대학 내에 '메가젠 임플란트센터'가 만들어졌다. 당시 최고의 CT, Unit Chair와 함께, 임플란트 치료에 필요한 거의 모든 장비와 재료들을 지원하여, 상당히 괜찮은 임플란트센터를 오픈하게 되었다. 이 대학의 모든 레지던트가 이 센터를 통해 임플란트를 교육받고, 환자를 치료할 수 있게 되었다. 당연히 메가젠의 시장점유율 또한 크게 증가하여 마켓셰어 50%가 넘는 압도적 1위를 달리기도 했다.

리투아니아 명예영사가 되다

리투아니아와 이런 활동을 하는 동안에 우연히 주브라질 대사를 역임하셨던 김광동 대사님을 만나게 되었다. 이런저런 이야기를 나누다 나와 리투아니아와의 인연을 들으시더니 명예영사를 한번 해 보면 어떻겠냐고 하셨다. 명예영사는 말 그대로 명예직이니 그다지 부담스러운 일은 없다는 말씀에 신청하게 되었다. 아무런 실권이 없는 명예영사였지만, 양국의 외교부로부터 엄격한 서류 심사가 이어졌고, 3년이 지난 후 명예영사 임명장이 도착했다.

당시에는 한국에 리투아니아 대사관이 설치되어 있지 않아, 중국의 리투아니아 대사가 한국 등 아시아 몇 개국을 관장하고 있었다. 게다가 명예영사도 내가 유일해서, 비록 대구와 경상도 지역을 담당하는 명예영사였지만, 리투아니아로부터 귀빈들이 내한하는 경우에는 늘 일종의 의전을 맡을 수밖에 없었다. 그때 리투아니아의 전임 대통령이 한국을 공식 방문하는 행사가 있었는데, 현대중공업에 발주한 거대한 발전용 LNG선인 Independence호의 진수식이 주요 방문 목적이었다.

당시 달리아 그리바우스카이테 리투아니아 대통령은 러시아로부터 에너지 독립을 하기 위해 많은 노력을 기울이고 있었는데, 이 발전용 LNG선을 이용해서 러시아가 아닌 산유국들로부터 가스 공급을 받을 수 있게 되어 대러시아 에너지 의존을 끊을 수 있었다. 요즘 우크라이나-러시아 전쟁으로 인해 가스를 무기로 유럽을 압박하는 러시아를 보면서, 달리아 그리바우스카이테 전임 리투아니아 대통령의 선견지명에 감탄했다.

인천공항 VIP 접견실에서부터 울산의 현대중공업 조선소까지, 평생 처음 해보는 일들로 인해 무척 당황하기도 했지만, 명예영사가 되지 않았으면 상상하기도 힘든 멋진 경험을 할 수 있는 영광을 누렸다. 현대조선소의 규모와 위상에 입이 벌어질 수밖에 없었는데, VIP석에서 함께 설명을 들을 수 있었으니….

사업 파트너와의 결별 그리고 재도약

리투아니아에서의 일들이 순풍에 돛단 듯 잘 풀려나가는 것 같더니 날벼락 같은 일이 벌어졌다. 몇 해 전부터 Monika와 Bechara 사이에 티격태격 다툼이 있다는 이야기가 들리더니 급기야 법정 다툼으로까지 비화되었고, 수준 낮은 다툼의 소식들이 작은 리투아니아의 치과계로 금방 퍼져나가는 바람에 메가젠임플란트의 영업에도 치명적인 타격을 입었다. 두 사람 모두 20대 후반의 미혼 때부터 알게 되었고, 이후 결혼과 사업 확장까지의 모든 과정에서 함께했기에 안타까움이 컸다. 실제로 두 사람 모두 따로 내게 서로에 대한 불만을 토로했다. 이들이 더 이상 함께할 수 없다는 결론을 내리고, Bechara에게 제안했다.

"이혼의 이유가 많겠지만, 불문하고 현재까지 이루었던 모든 재산을 Monika에게 주고 나와 새로 시작하자. 아직 젊으니 돈은 다시 벌 수 있다. 그렇지 않으면 나는 더 이상 자네와 비즈니스를 하지 않을 것이다.”

돈에 대한 욕심 때문이었는지, 상대에 대한 미움 때문이었는지, Bechara는 이 제안을 거절했고, 메가젠으로부터 떨어져 나갔다. 이후 메가젠은 Monika를 법인장으로 삼아 재도약의 노력을 기울였고, 이제는 한창 때의 매출을 거의 회복했다. 이혼 소송에서 많은 부분을 나눌 수밖에 없게 된 Bechara는, 결국 치과의사로서의 신뢰와 함께 비즈니스까지도 다 잃어버리게 되었다.

100여 개국의 해외 딜러들 중 상당수가 20대 후반에서 30대 초반에 합류하여 짧게는 10년, 길게는 15년 이상 함께하고 있는데, 일부는 이런 가정사 때문에 힘들어했다. 대부분 맨주먹으로 시작하여 열심히 일했고, 각자의 시장에서 일가를 이루는 과정에서 많은 교감을 하고 있었기에 큰 형님이나 삼촌처럼 나를 따랐고, 그러다 보니 오지랖 넓게 인생 상담까지 하는 일들도 적지 않았다.

리투아니아에서의 시작과 성장 그리고 다툼과 몰락, 재도약 과정을 보면 우리들의 인생살이와 똑같은 흐름을 느낄 수 있었다. 지나고 보면 결국 가장 소중한 것은 ‘사람 그 자체’였다. 이유와 동기가 어떠했건, 사람과 사람이 만나서 그 에너지가 합쳐질 때는 그 운이 상승하고, 반대의 경우엔 퇴보했다. 시장과 경영 환경이 중요하고 이에 대한 분석과 대응을 강조하고 있지만, 이 또한 적절히 수행할 ‘사람들’이 있지 않고서는 의미가 없었다.

짧은 여행을 하는 사이에, 지난 16년간 리투아니아에서의 세월이 주마등처럼 흘렀다. 아픔과 실망스러움은 언제나 어디서나 함께하고 있지만, 그렇기에 새로운 도전과 희망을 가지게 된다. 내가 지금 이곳에 존재하고 있는 가장 중요한 이유이기도 하다. 브라보, 리투아니아!

> “ 가장 소중한 것은 ‘사람 그 자체’였다. 이유와 동기가 어떠했건, 사람과 사람이 만나서 그 에너지가 합쳐질 때는 그 운이 상승하고, 반대의 경우엔 퇴보했다. ”

어느 특별한 인도 여행

박의돈

경북대학교 전자공학과 79학번
경북대학교 전자공학과 석사, 박사

현
Seela Infratech 대표
인도한인경제인연합회 부회장
재인도한인회총연합회 회장
한인도친선협회 부회장
현지 언론 Asian Community News 편집자문위원

전
LG전선㈜ 입사(1986)
LS전선 인도법인장
뉴델리한인회 회장

저서
《음분산광섬유와 표준단일광섬유로 구성한 분산보상 DWDM용 광섬유 케이블》(박사학위 논문)

수상
인도 교민봉사 대통령상(2021년)

euydonpark@gmail.com

박의돈

우리 청년들의 인도 진출을 돕는 일울 꼭 해보고 싶다.
더 많은 우리 청년들이 인도에서 성공하고,
더 나은 삶을 꾸리면서 그들이 인도 여정을
멋지게 만들어 나가는 것을 보고 싶다.

어느 특별한 인도 여행

"인도 교민의 큰 어른이 되길 바랍니다."

한때 인도 대사님으로 계셨던 진짜 어른과 새해 인사를 나누면서 이런 메시지를 받았다. 어른이라는 단어가 쑥스럽기도 했지만, 내가 인도에 그렇게 오래 살았나 하는 생각이 들었다. 교민사회를 위해 좀 더 도움 되는 역할을 하라고 새해 덕담을 주시니 인도에 남아서 뭔가 더 할 일이 있을까 생각해 보게 되었다. 지난 시간을 되돌아보며 나의 인도 여행을 한 번 더 음미해 보았다.

예상치도 못한 인도 여행의 시작

부임하기 전, 당시에 모시던 사장님이 5년 정도 현지 근무하면서 인도법인을 더 키워 보라고 하실 때는 5년의 인도 생활이 너무 길게 느껴졌다. 부담감과 두려운 마음으로 인도 여행 짐을 꾸렸다. 사실

30년 가까운 직장생활을 마칠 때까지 대학 졸업 후 처음 발을 디딘 회사에 다녔다. 그 직장이 내게 인도 여행을 안내할지는 전혀 생각하지 못했고, 직장생활의 마무리를 인도에서 할지는 더욱 예상하지 못했다. 그 인연이 또다시 먼 외지에서 스스로 자기 사업을 일구게 하고, 또 다른 시각으로 세상을 볼 수 있는 새로운 인생의 기회가 될지 어떻게 알았겠는가. 그런 와중에 강산이 변하고도 남는 시간이 후딱 흘러가버렸다. 딱 5년만 인도 여행을 해보자며 시작한 것이 처음 생각한 기간보다 거의 세 배나 긴 시간을 보낸 것이다.

처음 인도에 도착해서는 인도법인의 경영 개선을 위해 동분서주하면서 나름대로 전력을 다한, 그야말로 격정적인 시간을 보냈다. 의욕적으로 밀어붙이고 독려하고 좀 더 큰 결과를 만들어 내려고 전쟁 같은 시간을 보냈다. 공장을 짓고, 생산 시설을 구축하고, 불량을 줄이기 위해 밤새워 씨름하는 날이 많았다. 더 많은 물건을 팔기 위해 고객을 찾아서 인도 대륙 전역을 정신없이 누비고 다녔다. 매일 바쁘고 힘들었지만, 하고 싶은 일이었기에 정신없이 뛰었다.

인도에서 내가 맡은 사업을 크게 키워 보고 싶었다. 인도 대륙의 동서남북 지역별로 공장을 더 많이 짓고, 최고의 브랜드를 만들면서 사업을 크게 확장할 수 있는 날이 올 것이라는 확신이 있었다. 반드시 그 기반을 만들어 놓으리라 다짐하면서 열심히 뛰었다. 그야말로 나의 처음 인도 여행은 앞만 보고 달리는 경주마 같은 여행이었다. 내가 맡은 인도 사업을 위해 용감하게 시도하고, 부딪히며 해결하는 과정에서 많은 인도 사람을 만나고 그들과 우정을 키워갔다. 수년

동안 후회 없이 달린 열정의 순간들이 힘들기도 했지만, 기꺼이 즐겁게 헤쳐나갔고, 그리고 나서야 퇴직을 했다.

공동체를 위해 맡은 인도한인회장

퇴직한 후에 주위 사람들로부터 한인회를 위해 봉사해달라는 제안을 받았다. 한인회장이라는 자리는 다양한 교민들의 각기 다른 의견을 잘 조정하고 조율해야 하는 자리다. 그런 과정에서 자칫 매끄럽지 못하면 열심히 일해도 좋은 소리를 듣지 못하는 자리라 사람들이 맡기를 꺼렸다. 물론 국가나 지역마다 다르기는 하겠지만, 내가 사는 뉴델리는 특히 그랬다. 가족의 반대도 심했고, 나도 감당할 수 있을지 확신이 서지 않아 오랫동안 고민했다. 한편으로는 그간의 조직생활 경험이 어쩌면 도움 될 수 있겠다는 생각도 들었다. 결국 한번 해보자는 쪽으로 생각을 굳히고 절차를 거쳐 한인회 일에 발을 들여놓게 되었다. 오로지 사업을 만들어 키우고 사업적, 경제적 이익을 만들어야 하는 기업의 조직 생활을 벗어나 공동체 봉사라는, 지향점이 완전히 다른 또 다른 여행의 길로 들어서게 된 것이다.

한인회 일을 맡고 나서 우선 뉴델리 교민들의 일상생활이 더 따뜻하고 풍성하고 안전할 수 있도록 뭐라도 해보자는 심정으로 아이디어를 구하면서 한인회 집행팀을 꾸려 봉사를 시작했다. 명절이 되면 외롭게 시간을 보내는 교민들이 없을까 찾아보고, 그들과 함께 시간을 보내려고 노력했다. 교민들끼리 더 많은 의견을 공유하고 나눌 수 있도록 소통 공간을 만들고 대화를 넓혀갔다. 함께 어울리는 행사를 만들어 모여서 즐기고 이야깃거리가 이어지도록 하려고 애를 썼다. 그러면서 교민 가족 어린이들로 구성된 합창단도 만들어 국경절 행사에는 열심히 연습한 어린이합창단 공연을 함께 즐기기도 했다. 교민 가족들을 위한 골프 행사도 만들어 함께 어울리면서 척박한 해외 생활이 조금이라도 재미있고 풍성해질 수 있도록 시도했다. 가을이면 전 교민이 큰 운동장에 모여 체육대회도 하면서 함께 단합하는 공동체의 모습으로 서로 응원하고 격려하는 시간도 가지면서 교민들과 더 많이 어울리려고 했다. 나의 인도 여행은 새로운 봉사 이야깃거리로 채워지면서, 기쁜 마음으로 앞으로 나아가게 했다.

코로나 사태로 교민들 본국으로 긴급 수송작전

그러던 중 유례없는 코로나 사태가 덮쳤고 보건, 감염 및 치료 등의 이슈가 교민사회에 부딪히게 되었다. 처음에는 "큰 어려움 없이 지나가겠지" 하면서 지켜보는 분위기였는데, 시간이 지나면서 상황이 엄중해지자 인도 정부가 전격적으로 봉쇄를 단행했다. 교민사회의 가장 큰 도전이었다. 집밖으로 나가지 못하게 하는 봉쇄 기간이 한 달, 두 달, 세 달이 지나도 풀리지 않고 계속 이어졌다. 긴급상황 대처요령과 절차를 만들어 교민들에게 알리고, 어려운 상황에서도 교민과의 소통이 단절되지 않도록 노력했다.

의료 · 보건 서비스가 열악한 현지에서 감염되면 마음 놓고 병원에

갈 수 있는 형편이 아니라는 것이 교민들을 더욱 불안하게 했다. 시간이 지날수록 교민들의 불안이 커졌다. 가족들이라도 귀국시켜야 한다는 목소리가 나오기 시작했다. 대사관과 항공사와 긴밀하게 협의하면서 특별기를 준비했다. 전국 봉쇄 상황에서 교민들을 본국으로 철수시키는 작업을 수행했다. 인도 정부의 전격적인 봉쇄 단행으로 오지에 고립된 한국 여행객이나 원격지 거주 교민을 찾아내어 귀국 항공편이 준비되고 있음을 알리고, 안심시키는 노력을 이어갔다. 동시에 인도 당국의 특별이동허가를 구하고, 각 지역의 교민들이 공항으로 이동할 수 있도록 방편을 마련했다. 한인회와 대사관이 지속적으로 긴밀하게 의논하면서 계획하고, 그것을 교민들과 일일이 소통하면서 실행해 나갔다. 한인회와 대사관의 온라인 미팅은 수시로 소집되었고, 미팅은 끝없이 이어졌다. 다급한 교민들과 긴급 메시지를 나누는 사무국의 여성 국장님은 매일 장시간의 타이핑으로 손가락 관절이 부어서 고통스러워 할 정도였다.

가슴 떨리던 백혈병 어린이 환자 긴급 후송작전

그런 와중에 백혈병으로 긴급 후송이 필요한 우리 교민의 어린이 환자가 발생했다. 항공 서비스가 중단되고 봉쇄가 엄중한 상황에서 긴급 후송은 난감했다. 치료 시기를 놓치지 않아야 해서 발을 동동 구르며 방법을 찾으려고 뛰어다녔다. 교민들도 나서서 이 어린이를 위한 긴급 특별기를 준비해 보자고 제안했다. 교민들 모두가 한마음이 되었는데도 특별기 준비는 시일이 소요되는 일이라 긴급 후송을 위한 방법은 아니었다. 본국에서도 청와대 청원을 통해서 긴급상황이 퍼져 나갔고, 응원의 메시지가 이어졌다. 마침 그 시점에 준비되고 있던 JAL기를 찾아내어 접촉했고, 일본 대사관의 지원을 받아 긴급 후송을 할 수 있었다. 마침내 한일 간의 공조로 한국에서 신속하게 치료받을 수 있게 된 것이다. 마침 어린이날에 귀국하여 '어린이날의 기적'이라면서 본국의 언론이 일제히 보도하는 일도 있었다.

위기 극복에 빛난 한인회

다시 코로나 2차 파동이 오면서 매일 수천 명의 인도인이 사망하는 상황으로 팬데믹은 악화되었고, 우리 교민들의 사망자도 나타나기 시작했다. 산소발생기를 구해 감염 교민의 우선 응급조치를 할 수 있게 하는 것이 급선무였고, 마스크를 구해서 교민들에게 공급하는 것도 큰일이었다. 외신들은 연일 인도의 폭발적인 감염자 수 증가와 정상적으로 수습되지 않는 사망자의 참혹한 야외 화장 장면들을 반복해서 방송했다. 그로 인해 교민들의 불안과 공포가 더욱 심해졌다. 교민들의 철수를 위한 특별기를 더 많이 준비해야 했다. 결국 교민의 절반이 코로나를 피해서 귀국했다. 그러는 사이에 일곱 명의 교민이 머나먼 외지 인도에서 돌아가셨다. 정말 힘든 순간들이었다. 인도에서 지내는 동안 가장 힘들고 고통스러운 시간이었다.

혹독한 시간을 거치면서 마침내 코로나가 잦아들었다. 팬데믹을 극복하는 과정에서 교민들 간의 소통이 늘어갔고, 서로를 위로하고 응원하는 교민들의 목소리가 많아졌다. 어려운 시기에 한인회 집행부가 고생했다는 위로의 말도 이어졌다. 나중에는 전 세계 한인회장들이 모이는 자리에서 250개 해외한인회 중에서 가장 우수한 사례의 한인회로 인도한인회가 대상을 받기도 했다. 함께 교민 봉사에 심혈을 기울이고 큰 희생을 마다하지 않으며 한 팀이 되어준 한인회 집행부 임원들이 정말 고마웠다. 이렇게 시작된 한인회와의 인연은 전례 없는 코로나 기간 동안 사회봉사라는 상황으로 전개되었고, 교민사회 봉사라는 새로운 경험이 나의 인도 여행 과정을 흠뻑 젖게 만들었다.

더욱 적극적으로 사회봉사에 참여

이러한 일들을 겪으며 인도 생활과 교민 공동체에 대한 호기심과 사회봉사에 대한 관심이 더 커져감을 느꼈다. 많은 사람과 더 많은 이슈를 가지고 더 많이 부대끼고 싶었다. 그러면서 더 많이 느끼고 배우고 그러한 과정에서 무엇이라도 기여하고 싶었다. 참여할 수 있는 단체나 조직은 모두 가입해서 내가 할 수 있는 역할을 하면서 사람들과 교류하려고 노력했다. 한국경제인연협회(KOCHAM India), 한인도친선협회(India Korea Friendship Society), 인도한인회총연합회, 아시아한인회총연합회, 민주평통자문위원회, 아시아뉴스편집자문회(Advisory Board of Asian Community News), 인도중소기업경제인연합회

(PHD Chambers of Industries) 등 우리 교민단체 외에도 인도인 단체 그리고 동아시아 교민단체 등에도 적극적으로 참여하고 있다. 이러한 참여와 단체 활동으로 나는 더 많은 사람과 교류하고 생각과 경험을 나누려고 한다. 그러한 과정에서 더욱 풍성하고 충실한, 인도 여행에 필요한 영감을 얻어보려고 한다. 그동안 쌓아온 나의 지식과 경험이 사회에 기여할 수 있는 역량의 척도가 될 것으로 생각하고, 쉼 없이 어울리고 참여하고 경험하면서 인도 여행을 이어 나가려고 한다.

인도에 진출하는 청년 기업인 돕기

앞으로 남은 나의 인도 여행이 끝나기 전에 꼭 해보고 싶은 일들이 있다. 바로 우리 청년들의 인도 진출을 돕는 일이다. 더 많은 우리 청년들이 인도에서 성공하고, 더 나은 삶을 꾸리면서 그들이 인도 여정을 멋지게 만들어 나가는 것을 보고 싶다. 인도의 가능성을 보고 청춘을 걸고 있는 한국 친구들이 많다. 치열하게 나아가야 하는 나의 여정의 동반자들이다. 현재는 그들의 인도 여행길이 녹록지 않음을 잘 안다. 그렇지만 내 다리에 힘이 빠져 여행을 멈추게 되더라도 그들은 씩씩하고 즐겁게 인도 여행을 계속하리라는 것을 잘 안다. 그전에 그들이 포기하지 않도록 먼저 걷기 시작한 내가 길잡이가 되고 그들의 페이스메이커가 되는 역할을 잘할 수 있으면 좋겠다.

우리나라 청년들을 위해 1년 전에 청년상공인연합이라는 조직을 만들었다. 인도에 진출한 청년 기업인들의 성공을 돕기 위해 함께 모여서 정보를 공유하고 경험을 나누는 장(場)을 마련한 것이다. 인도의 사업 환경에 관한 무역, 세무, 노무, 환경 등의 각종 규제 이슈와 우리 기업들의 실패와 성공 사례를 다루는 세미나를 준비하여 수시로 모여 서로 토론하고, 격려하고, 기업 마인드를 키우고 있다. 인도에서 성공한 청년 기업인들의 소식이 점점 더 많이 들려올 것이라는 희망과 확신을 청년들과 함께 간직하고 있다.

70년 인도 교민들의 행적을 담은 책 발간 계획

우리 교민들이 더 단합하고 서로 격려하고 도와서 멋진 공동체로 나아가는 것을 보고 싶고, 그렇게 되는 데 도움이 되는 일을 하고 싶다. 그 일환으로 우선 우리 인도 한인 공동체의 70년 역사를 정리하는 것을 구상해 본다. 70년 전 한국전쟁 반공포로의 인도 정착으로 시작된 우리 교민의 역사를 정리해 보려고 한다. 이 넓은 인도 영토의 구석구석에 우리 한인들이 발길이 지난 70년 동안 어디에 닿았는지, 어떤 흔적을 남기고 있는지 따라가는 역사 여행을 해보려고 한다. 그런 흔적들을 모두 모아 기록하고, 책으로 만드는 것이다. 그러한 기록의 정리가 수십 년 과거로부터 이어지는 우리 한인들의 인도 여행의 지향점이 미래의 어디를 향하는지를 말해 주면 얼마나 좋을까 생각해 보면서 이 일을 시작하려고 한다. 희미하게나마 그런 의미를 지닌 스토리를 찾을 수 있기를 염원하면서 남은 시간 동안 방대한 인도 한인 역사 여행을 준비한다. 그러한 역사 정리 여행이 우리 교민들의 화합과 단결에 큰 도움이 될 것이라는 소망을 담으면서 한발 더 나아가려고 한다.

한국과 인도의 활발한 교류를 꿈꾸며

나의 인도 여정이 끝나기 전에 한국과 인도 사이에 더 많은 교류가 일어나도록 하는 데 필요한 숙제가 무엇인지 공부하고, 그 결과를 전파하는 일을 해보고 싶다. 여전히 두 나라의 교류는 서로에게 편하지 않고 익숙하지 않은 부분이 있는 것 같다. 이를 개선하기 위한 대화와 스킨십이 아직은 다소 부족한 것 같다. 두 나라는 서로에게 얼마나 소중한 동반자가 될 수 있는지를 알지 못하는 듯하다. 더 늦기 전에 서로 열심히 사귀는 관계로 발전되면 좋겠다. 그래서 둘이 뜨거운 연인이 될 수 있기를 소망해 본다.

양국 간의 교류가 많아지고 교역이 커지면 서로에게 큰 이익과 새로운 가치를 가져다 줄 것이고, 그만큼 우리 교민사회도 더 발전하고 커질 것이다. 인도에 한류 문화의 확산과 함께 한인들의 생활 문화 공간도 넓어지고 더욱 풍성해질 것이다. 각기 다른 인연으로 인도에 정착해 함께 살고 있는 우리 교민들 그리고 그들로 구성된 교민사회 공동체도 활력이 넘치게 될 것이다. 내가 그랬던 것처럼 한국의 모기업에서 인도 사업을 일구기 위해 파견 나와 생활하고 있는 주재원, 정부기관 공공기관 인사, 인도 진출 사업가 및 상공인, 종교인, 여행객, 유학생 등 참으로 다양한 우리 교민사회, 한인 공동체는 인도에서 가장 큰 외국인 공동체이다. 우리 인도 교민들 모두가 더 행복하고 풍성한 인도 생활을 즐길 수 있었으면 좋겠다. 교민 공동체 발전에 더 많은 관심을 갖도록 더 많이 소통하고, 인도 여행의 남은 시간을 공부하며 봉사하고 싶다.

인도 여행의 좋은 동반자가 되기를

인도 여행을 오랫동안 하면서 인도를 더 좋아하게 되었다. 인도는 Incredible India라는 말처럼 한마디로 설명하기 어렵다. 덥고, 먼지가 많고, 음식문화가 특별하고, 생활 편의시설이 부족하고 불편한 나라가 인도라고 한다. 한편으로는 빠르게 앞으로 나아가고 발전하는 역동의 나라라고 한다. 자연적으로는 히말라야 설산의 눈이 녹아 내린 옥빛 계곡물이 흐르는 스리나가르, 고즈넉한 석양이 아름다운 아라비아해 해변의 케랄라, 야생의 맹수가 서식하는 정글과 끝없이 펼쳐진 황량한 사막의 자르칸크와 라자흐스탄, 비옥한 대지를 간직하고 있는 펀잡과 구자랏, 이 모든 지역을 품고 있는 대륙의 나라가 인도이기도 하다. 그 속에 빈자(貧者)와 부자(富者)가 조화롭게 어울려 사는 나라가 또한 인도이다.

어느새 인도 생활이 익숙하게 되었고, 인도를 더욱더 좋아하게 되었다. 많은 사람이 인도가 앞으로 크게 발전하고 부상할 것이라고 한다. 우리나라와 교역도 커지고, 언젠가는 우리 인도 한인사회도 많이 커질 것이다. 그러한 과정을 지켜보면서 아직 남은 인도 여행을 계속하려고 한다. 남은 여정에서 특별히 가난한 인도 친구들 그리고 인도에서 분투하고 있는 한인 청년들에게 좋은 인도 여행 동반자가 되고 싶다. 여전히 협량하여 비록 어쭙잖은 어른의 모습으로 비칠지라도 그들에게 다가가서 말을 걸고 손잡아 주는 선배의 역할이 이 여행을 멈추기 전에 해야 할 나의 일일 것 같다. 먼 외지 인도의 한인 공동체에서 나의 역할을 생각하면 아직은 여행을 계속할 수 있어서 행복하다.

“ 인도에서 분투하고 있는 한
인 청년들에게 좋은 인도
여행 동반자가 되고 싶다. ”

중국과의 각별한 인연

조평규

고졸 검정고시
경북대학교 중어중문학과 79학번
서강대학교 경영학 석사, 박사
장강상학원(CKGSB) EMBA

현
(주)동원개발 고문
인지디스플레이 사외이사

전
단국대학교 석좌교수 , 재중한국인회 수석부회장
중국연달그룹 (부총재, 부회장) 수석부회장
한중기업연합회 상임대표
대구시 시장특보, 아시아발전재단 이사
KBS1 TV '글로벌 성공시대' (조평규 편) 출연

저서
《중국에 가서 네 꿈을 펼쳐라》, 《중국은 우리의 내수시장이다》,
《중국공부법》, 《중국을 뒤흔든 한국인의 상술》 외 다수

chopyungkyuhome@gmail.com

조평규

호학은 의미 있는 삶을 사는 좋은 방법이다.

세상을 바꾸는 힘은 호학에서 나온다.

큰 꿈은 호학하는 과정에서 생겨나 고, 호학으로 완성된다.

중국과의 각별한 인연

베이징 도착

1987년 8월 어느 날, 홍콩에서 출발한 중국 민항기를 타고 베이징 공항에 도착했다. 비행기에서 바라본 중국은 희뿌연 먼지와 안개로 덮여 있었다. 나의 중국 생활은 이때부터 시작되었다.

중국 사업을 위해 1987년 초, 4년 6개월을 다니던 한국상업은행을 사직했다. 당시 한국과 중국은 수교 전(1992년 수교)이라 중국을 한 번 방문하려면 까다로운 절차를 거쳐야 했다. 서울의 중앙정보부(현 국가정보원)에서 실시하는 반공교육을 받아야 했고, 중국 방문 비자도 홍콩에 있던 신화사(新華社)에서 별지 비자를 받아야 중국에 입국할 수 있었다. 귀국 후에는 중국에서 만난 인사 특히 북한 사람을 만났다면 상세히 보고서를 써야 하던 시절이었다.

베이징 거리에는 자전거가 넘쳐나고, 검푸른 군복 같은 인민복을 입은 사람들의 얼굴은 무표정했다. 베이징 인근의 팔달령(八達嶺) 만리장성과 자금성(紫禁城)을 둘러보고 중국의 통 큰 규모에 놀라면서도, 나의 활동 무대는 이곳 베이징으로 해야겠다는 결심을 굳혔다.

이후 베이징은 2020년 코로나19로 완전히 귀국할 때까지 나의 활동 무대가 되었다. 베이징은 일류 대학이 많아 전국의 인재들과 고관들이 많이 모여 살고 있어 그들과 자연스럽게 어울리면서 중국인들이 중요하게 생각하는 관계(關係)를 맺게 된 것은 행운이었다.

베이징에서 사귄 중국인 친구들은 내 사업에 훌륭한 인맥이 되었음은 말할 것도 없다. 지금도 친구 중 베이징에서 사귄 이들이 가장 많다. 친구들은 내가 어려움에 부닥치거나 도움이 필요할 때는 모든 것을 내놓고 도와주었다. 중국의 속담인 "집에서는 부모에게 의지하고, 밖에서는 친구에서 의지한다(在家靠父母, 出門朋友靠)"라는 말이 맞는 듯하다.

나는 신뢰할 만한 중국인 친구를 많이 알고 있는 행운을 가졌다. 많은 한국인들이 "중국인은 믿을 수 없다"고 하지만, 내 주변에서 나를 배신하는 친구를 본 적이 거의 없다. 초급 간부이던 중국 친구들은 이제 국장, 차관, 성장, 장관이 된 이들이 적지 않다. 요즘도 명절이면 잊지 않고 연락하거나 선물을 보내온다. 한국에 코로나가 유행할 때 마스크를 보내준 친구들도 많았다.

친구로부터 신뢰를 받으려면, 내가 먼저 신뢰할 수 있는 사람이 되는 것이 중요하다. 친구가 역경에 처했든, 잘나가든 상관없이 절대적인 지지를 보내는 것이 결국은 좋은 친구를 가질 수 있는 자격을 갖춘 품성이라고 생각한다.

중국 무역과 오퍼상 사업

큰 꿈을 안고 시작한 중국과의 무역사업은 실패를 거듭했는데, 가장 큰 원인은 중국을 잘 몰라서였다고 생각한다. 중국기업들이 속이고 거짓말한다는 사실을 잘 몰랐다. 당시 중국기업들은 무역업 자격이 있는 대기업들의 청부업체에 지나지 않았는데, 내가 무턱대고 믿었던 것이 실패를 가져오고 말았다.

중국기업에서 보낸 물건에 하자가 많거나, 납기를 맞추지 못하거나, 수출한 물건에 흠을 잡고 결제해 주지 않아 어려움이 한둘이 아니었다. 한국의 종합상사들도 엄청난 수출대금을 못 받거나 불량품으로 손해보기는 마찬가지였다. 중국의 사정을 잘 모르고 이길 수 없는 싸움을 했던 것이다. 이때의 경험은 두고두고 중국에서 살아가는 동안 보약 같은 역할을 했다.

중국인들은 공산주의의 속성 중 하나인 목적이 정당하면 수단은 별로 중요하게 생각하지 않는다. 비즈니스도 전쟁하는 것과 비슷하게 인식하는 사람들이 많다. 전쟁 교과서였던 《손자병법》도 기업 경영에 많이 응용되는 나라다. 다만, 절친한 친구를 속이는 경우는 극히 드물다. 친구를 속이다가 주변에 알려지면, 친구를 속인 사람으로 낙인 찍혀 친구들의 꽌시망(관계망)에서 추방되기 때문이다.

청년 사업가에게 조언하라면 "실패의 경험은 자산"이며, "사람이 위대한 것은 꿈을 꾸기 때문(人因夢想而偉大)"이라는 말을 해주고 싶다. 맹자가 "하늘이 어떤 사람에게 큰일을 맡기려고 할 때는 반드시 먼저 마음과 육신을 괴롭게 하고 굶주리게 한다"라고 한 말을 나는 믿는다. 나의 청년 시절 중국 사업은 성공보다 실수와 실패가 더 많았던 시절이었다.

경북대 중어중문학과에 입학

나는 친구들보다 4년 늦게 경북대 79학번으로 문리과대학 어문계열로 입학했다. 집안 사정으로 고등학교에 진학하지 못하고 4년간 부산에서 공장에 다니다가 검정고시를 거쳐서 좀 늦어졌다. 경북대학교에 입학한 것은 고향 이웃에 살던 1년 선배 덕분이었다. 그 선배가 경북대 의예과에 다녀 경북대에 대해 많이 들었고, 대구로 시집가서 살던 누님의 조언도 크게 작용했다.

경북대 중어중문학과 1회를 졸업할 무렵 사업 혹은 취업 등 몇 개의 선택지를 두고 고민한 끝에 은행에 들어갔다. 은행에서 돈을 다룬 경험이 후에 사업하는 데 도움 될 것이라는 주변의 조언을 받아들인 것이다.

중어중문학을 전공하면서 익힌 중국어 구사 능력, 역사와 철학에 대한 지식은 중국 생활을 하는 데 큰 도움이 되었다. 중국어를 자유롭게 구사하면 자연스럽게 중국의 철학, 역사, 정치, 사회는 물론 다양한 분야까지 관심 영역에 따라 접할 수 있다.

고졸 검정고시에서 단국대 석좌교수까지

한국상업은행에 입사하여 영등포구청 당산동지점에 근무하게 되었다. 경영학을 배우기 위해 취업한 첫해인 1983년 7월 서강대학교 경영학석사(MBA) 과정에 입학했다. 나중에 석사학위를 취득한 후, 일반대학원 경영학과 박사과정을 수료하고 경영학 박사학위를 취득하였다. 박사학위 취득 후 곧장 단국대학교 석좌교수로 발령받아 3년간 교수직을 맡았다.

중학교를 졸업하고 공장에 다니다가 검정고시를 거쳐 경북대학교, 서강대학교 박사학위 취득하고 석좌교수에까지 도달했으니 스스로 만족한 학업이었다고 생각한다. 박사학위를 취득한 후에도 홍콩의 이카싱(李嘉誠)이 설립한 장강상학원(長江商學院, CKGSB, EMBA)에서 경영학 석사학위도 받았다.

지금도 꾸준히 공부하는 자세를 유지하는 좋은 습관을 지니게 된 것은 고등학교에 진학하지 못했던 서러움 때문이었으리라 생각한다. 요즘도 매일 2시간 정도는 공부하고 글 쓰는 시간을 갖는다.

호학(好學)의 즐거움

나는 배우기를 즐기는 생활 패턴을 가지고 있다. 공자(孔子)는 논어의 첫머리에 호학의 즐거움을 이야기하고, 15세에 '학(學)'에 뜻을 뒀다고 했을 만큼, 호학의 대명사로 알려져 있다.

예로부터 호학은 자신의 변화와 성장, 인간의 완성을 위한 유일하고 확실한 방법이라고 가르쳐 왔다. 자기보다 어리거나 낮은 사람에게 묻는 것을 부끄럽게 여기지 않는 '불치하문(不恥下問)'은 공자가 얼마나 배움을 좋아하는 사람인지 잘 나타낸다.

현대에 이르러 호학이란 '지식을 쌓는 행위를 좋아한다'는 의미로 축소되고 있다. 공부한다는 것은 책을 읽는다는 것과 동의어로 쓰이기도 한다. 호학에 대한 새로운 개념으로 인격 수양을 제시한다. 우선, 자기를 낮추는 겸양이 선행되지 않는 호학은 제대로 된 배움이라 할 수 없고, 금방 허물어져 버린다. 배우기만 하고 바르게 실천하지 않는 것도 무용지물이다. 오만과 독선으로 뭉쳐진 사람은 자신의 아집 때문에 배움의 기회가 있어도 배우지 못한다.

많이 배운다고 좋은 것인가. 지금은 지식의 양이 많다고 존경이나 선망의 대상이 되지 않는다. 많이 알고 있느냐가 중요한 것이 아니라 공부한 것을 삶에서 얼마나 행동으로 실천하고 있는지가 중요하다. 많이 배우지 않았더라도 정직하고 겸손하며 순박하게 배운 것을 실천하는 사람이 더 높은 평가를 받는다. 사람은 배운 뒤에야 자신의 부족함을 알게 되는 존재다.

조선 말 최한기(崔漢綺) 선생은 인간과 사물은 유기적으로 연결돼 영향을 주고받는 원리로 작동되기 때문에 "경계 없이 세상 모든 것으로부터 배워라"라고 가르친다. 한국에서 호학의 대가는 '자연과학세상'이라는 과학문화운동 단체를 이끌고 있는 경북대 공대 출신의 박문호 박사다. 그는 전자공학 박사이지만 천문학, 물리학, 뇌과학, 역사 등 다양한 분야에 정통하다.

그는 자연과학 공부를 통해 세상을 바라보는 관점을 바꿀 수 있고, 삶의 질도 바뀐다고 강조한다. 인간은 환경적 존재이며, 같은 가치를 추구하는 사람들이 연결되고 더불어 살 때 인간은 본질적인 존재가 된다고 가르친다.

호학은 의미 있는 삶을 사는 좋은 방법이다. 사형수나 90살 노인에게도 호학은 희망이 될 수 있다. 세상을 바꾸는 힘은 호학에서 나온다고 하여도 과언이 아니다. 큰 꿈은 호학하는 과정에서 생겨나고, 호학으로 완성된다고 생각한다.

중국을 선택한 것은 행운

중국은 한국의 운명에 가장 큰 영향을 미치는 나라다. 중국을 이해하지 못하고 사업을 이야기한다는 것은 어려운 시대다. 대학에서 중어중문학을 전공하고, 수교 전이었지만 활동 무대로 중국을 선택한 것은 행운이었다고 생각한다. 당시 누구도 중국이 급속히 성장하여 G2의 경제대국으로 부상하리라고 생각하지 못했다. 중국의 성장과 함께 내 개인도 성장하는 행운을 누렸다. 나의 개인적 역량이나 노력보다 시대의 도움이 컸다. 감사하지 않을 수 없다.

나는 중국 베이징에서 수십 년을 살아왔다. 중국은 나의 인생에서 가장 중요한 나라라고 이야기할 수 있다. 주변의 사람들이 나를 가리켜 친중(親中) 인사라며 비난하는데, 나는 동의하지 않는다. 사업을 하는 사람은 친미, 친일, 친중해야 한다는 것이 나의 소신이다. 그렇다고 해서 중국에 사대(事大)하거나, 중국에 굴욕당해도 참는 것에는 동의하지 않는다.

우리가 진정한 자존심을 지키려면 우리가 중국보다 더 잘살고, 중국인들이 갖지 못한 인류 보편 가치인 인권, 평화, 자유, 배려, 생명 존중 등 인격적으로 훨씬 나은 인간이 되는 것이다. 많은 한국 사람이 중국을 선택했지만 성공한 경우는 극히 적은 현실을 감안하면 나는 비록 작은 성공이지만 나름대로 만족하고 지낸다.

중국연달그룹과의 인연

중국연달그룹은 나의 인생을 완전히 바꾸는 데 큰 영향을 미친 중국 민영기업이다. 중국연달그룹은 하북성 삼하시에 자리잡고 있는데, 천안문 광장에서 40km 정도 떨어져 있어 베이징에서 40분이면 도착할 수 있는 곳이다. 2008년 중국인 20여 명이 포함된 회장 면접에서 유일하게 합격하여 부총재로 입사했다.

연달그룹의 3,000베드의 병원과 12,000베드의 실버타운을 건설할 때부터 참여했다. 완공한 후 경영하는 데에도 수석부회장으로 참여하여 중국의 의료사업과 부동산 개발사업을 배울 수 있었던 것은 매우 중요한 경험이었다고 생각한다.

연달그룹은 내가 근무하던 지난 12년 동안 회사의 사세가 수십배 성장했다. 그룹의 2인자인 수석부회장으로 그룹을 전면에서 진두 지휘하여 좋은 평판과 성과를 얻을 수 있었던 것은 행운이었다.

나의 생활신조인 어떤 일에도 정성을 다하고 항상 공부하는 자세, 매일 새벽에 일어나 출근 시간보다 2시간 일찍 출근하는 성실성은 회장의 신임을 받는 데도 도움이 되었지만, 재임하는 동안 무엇보다 부동산 경기가 좋아 내가 맡은 프로젝트마다 엄청난 수익을 올렸다. 한마디로 운(運)과 때(時)가 맞았다.

새로운 시작

작년에 '중국경영연구원'이란 작은 개인기업을 설립하였다. 지금은 1인 기업이지만, '중국을 알지 못하면, 중국을 넘을 수 없다'(2022년 발간한 졸저 제목)는 생각으로 중국에 대한 공부와 교육을 하기 위한 플랫폼을 준비하고 있다.

중국경영연구원은 중국지역전문가를 양성하여, 중국에 맞설 수 있는 능력 있고 패기와 배짱을 가진 인재를 기르기 위한 것이다. 실사구시(實事求是)의 정신을 가진 경북대 출신의 젊은 후배들이 도전한다면 더욱 신이 날 것 같다.

중국도 코로나19가 진정되고 있어 중국과의 교류가 재개될 것으로 보이지만, 우리나라에 광범위하게 퍼져 있는 반중(反中) 감정은 조속히 해소되어야 한다. 세상의 어떤 일도 감성적인 접근보다 과학적이고 합리적인 해결이 실질적으로 도움이 된다. 과거에 얽매인 삶은 미래를 보는 데 소홀해지기 쉽다.

좀 더 먼 미래를 생각하면서 요즘은 우리 역사 공부를 많이 하는 편이다. 지금의 동북 3성은 물론 옛 고구려 땅과 몽골평원은 우리와 핏줄을 함께하는 고구려, 거란, 여진, 선비, 흉노, 부여 등의 땅이다. 중국을 지배했던 금(金)이나 청(淸)나라는 모두 우리 신라와 고려 후손들이 세운 나라로 중국 중원을 지배했었다.

중국이 강하게 보이지만 분리·독립되는 사태가 발생하면, 중국의 동북 3성은 간도의 옛 땅으로 우리에게 귀속되어야 마땅하다. 또한 몽골이나 러시아의 연해주도 우리 선조들의 활동 무대였음을 명심할 필요가 있다. 현재 북방지역에 살고 있는 사람들은 우리의 주변국인 일본이나 러시아에 속하는 건 누구도 원하지 않을 것이기 때문이다. 지금부터라도 이 지역을 우리의 영토로 하기 위한 장기 전략을 세워 실천할 필요가 있다. 이 지역이 우리의 경제권에 편입되면 일본이나 독일 그리고 프랑스, 영국을 앞서는 강력한 선진국이 될 수 있다.

아너소사이어티 회원

2년 전 나는 '사랑의 열매'로 많이 알려진 고액 기부자 모임인 아너소사이어티 회원이 되었다. 지정 기부로 고향 통영시와 내가 졸업한 중학교에 장학금을 내놓았다. 아너는 단순한 나눔을 실천하는 사람들의 모임이 아니다. 더 나은 세상, 더 밝은 미래 사회를 만드는 데 앞장서며 함께 그 길을 갈 사람들에게 손을 내미는 리더들의 모임이다. 기부는 고액 자산가만이 할 수 있다고 생각하지 않는다. 어려운 생활에도 불구하고 작은 나눔을 실천하는 것이나 자산가가 수백억을 기부하는 것이나 별반 다르지 않다고 생각한다.

중국 회사에 다닐 때도 주변에 어려운 사람들이나 기관, 단체에 기부하는 것을 생활화했고, 우리 아이들이 졸업한 중국 인민대학교에 상당한 액수를 기부하기도 했다. 선행은 아무도 모르게 하는 것이 원칙이지만, 부주의하여 정보가 새어 나가서 곤혹스러운 경우도 적지 않았다.

기부와 나눔은 부자들만이 아니라 보통 사람들도 생활 속에서 실천해야 하는 의무라고 생각한다. 남에게 베풀거나 기부하면 심적인 포만감을 느끼게 되어 저절로 미소가 나오기 마련이다. 이보다 더 정신적 만족감을 주는 행위는 없다고 생각한다.

기업활동이나 생활 속에서 배우거나 깨우친 것을 자기 혼자만 소유하거나 남에게 알려주지 않는 사람들도 많다. 지식인은 자기가 배운 것이나 경험 등을 이웃이나 사회에 내놓아 나누는 것이 의무라고 생각한다.

나는 중국 관련해서 공부한 것이나 현장 경험을 꾸준히 책으로 출간했다(난독 6권, 공저 2권). 그리고 《이주경제》, 《한국경제신문》 그리고 《중앙일보》에 칼럼을 발표해 왔다. 작은 실천도 모이면 습관이 되어 시간이 지나면 결과물이 나오는 기쁨을 맛볼 수 있으니, 얼마나 보람 있는 일인가. 오래 전 KBS1의 '글로벌 성공시대'에 소개되어 과분한 칭찬을 받은 일은 잊을 수 없는 기억으로 남는다.

컴퓨터 앞에 붙어 있는 메모 한 조각

* 남을 평가하지 말라

* 남을 비난하지 마라, 비난받는 분이 반드시 듣게 된다.

* 일찍 일어나라 / 친절하라(힘든 일하는 분들에게)

* 일을 똑바로 해라 / 절약은 미덕 / 기부는 의무

* 사소한 것을 대하는 태도가, 너의 모든 것을 말한다.

* 매일 어떻게 살 것인가? 자신에게 물어라

* 범사에 감사하라!

" 지식인은 자기가 배운 것이나 경험 등을 이웃이나 사회에 내놓아 나누는 것이 의무라고 생각한다. "

나의 드라마 작가 도전기

권영갑

경북대학교 교육학과 80학번

현
작가

전
드라마 작가('203특별수사대', '사랑과 전쟁' 등 극본)
국제신문 기자(부산 본사 사회부, 서울지사 정치부)
중앙일보 NIE연구소 연구위원
고교 교사

수상
KBS 드라마극본 공모 당선
스포츠투데이 신춘문예 드라마극본 부문 당선
영화사 백두대간 시나리오 공모 당선
기독신춘문예 소설 부문 당선

저서
소설집 《투명인간》, 시집 《사자와 함께》

cine7778@naver.com

권영갑

젊은 날 용감하고 치열하게 도전해서 작은 성공을
이뤘던 경험은 훗날 다른 일을 하는 데 큰 도움이 되었다.

나의 드라마 작가 도전기

30여 년 전의 일이지만 드라마 작가를 향한 열정과 도전의 기억은 아직도 생생하다. 아마 그때가 내 인생에서 가장 즐겁고 신났던 때였던 것 같다. 60대 중반에 이른 지금 되돌아보면 결국 꿈꿨던 만큼 드라마 작가로 성공한 것은 아니었지만, 끝까지 포기하지 않았던 도전과 작은 성취의 기쁨은 너무도 소중한 보물로 남아 있다.

그런 의미에서 이 글을 통해 성공 여부를 떠나서 모든 것을 던지는 치열한 도전이야말로 인생을 풍성하고 가치 있게 만든다고 강조하려고 한다.

기자에서 드라마 작가로 목표 변경

사범대학교를 다녔지만, 대학 2학년 때부터 언론인으로 미래의 방향을 정했다. 80년대는 언론고시라고 해서 언론사 시험이 붐을 이뤘다. 신문 방송사의 경쟁률이 평균 500대 1을 넘었다. 대학을 졸업하고 경북의 소도시에서 교사로 근무하면서 언론사에 꾸준히 도전했다. 그래서 1988년에 부산 《국제신문》에 합격하고 부산에서 신문기자로 일하기 시작했다. 교사로 일한 지 9개월 만이었다.

그런데 몇 년 기자로 일하면서 드라마 작가를 하고 싶다는 열망이 커지기 시작했다. 더 정확하게는 사람이 살아가는 다양한 모습을 내가 창조하고 싶다는 것이었다. 소설, 연극, 영화, 드라마 등이 이런 소망을 구체화해 줄 분야로 손꼽아졌다.

소설가는 직업으로 삼기에는 경제적 문제가 발생할 것 같았고, 영화감독이나 연극 연출가는 재능이 있는지 파악하기 어려웠다. 드라마 작가는 재능 파악이나 준비 과정이 난해하지 않았고, 진입 이후의 경제적 보상도 매력적이었다. 지금 생각하니 다소 피상적인 점검이었고 그로 인해 어려움을 많이 겪었지만, 그때는 그렇게 판단했었다. 어떤 분야에 도전하려면 재능과 적성의 파악은 물론 준비 과정, 경제적 문제 등에 대해 좀 더 철저하고 과학적인 점검이 필요하다는 것이 그때 얻은 교훈이다.

가장 큰 난관은 사회부 경찰 기자로 일하고 있었기에 드라마 극본을 공부하고 습작할 시간이 없다는 것이었다. 자기가 맡은 지역의 경찰서를 출입하면서 사건·사고를 챙기는 것만 해도 하루가 빠듯했다. 경쟁지에 밀리지 않으려면 눈에 불을 켜고 발바닥에 불이 나도록 돌아다녀야 했다. 당시는 지금보다 훨씬 신문에서 살인 등 각종 범죄를 중요하게 다뤘다. 특종이라도 뺏기면 만회하기 위해 새벽에도 경찰서를 뒤지고 골목을 헤매며 큰 기사를 건지려고 발버둥을 쳤다. 잠잘 시간도 부족한 판에 드라마 작가에 도전한다는 것은 쉬운 일이 아니었다.

사회부 기자는 아침 일찍 경찰서로 가서 사건 기사들을 챙기고, 오후에는 관련자들을 만나거나 관공서 등을 찾아가 취재한다. 그리고 오후 4~5시쯤 회사에 들어가서 회의하고 기사를 쓰는데 거의 매일 밤늦게까지 일했다. 늦은 시간에 귀가하면 피곤해서 씻고 자기 바빴다. 드라마 작가로 목표만 세워놓은 채 3~4개월이 그냥 흘러갔다. 목표를 정해놓고 실천하지 않으면 아무런 의미가 없다.

습작 시간 확보를 위한 전쟁

우선 시간을 확보하기 위해 회사 근처의 주택에 방을 하나 임대하여 '캠프'라고 내 멋대로 이름을 지어 벽에 써붙였다. 그리고 오후에 30분에서 1시간 정도 일찍 회사에 도착하도록 취재 일정을 조정해 그 시간에 캠프에서 드라마 극본을 습작했다. 회사에서의 일이 모두 끝나면 곧바로 집으로 가지 않고 캠프에서 30분가량 극본을 습작했다. 이렇게 해서 매일 1시간에서 1시간 30분 정도 습작 시간을 확보할 수 있었다. 회식이나 돌발적 취재가 있는 날에는 단 10분이라도 캠프에서 습작하면서 루틴을 깨지 않도록 노력했다. 하루 1시간 30분은 짧은 시간이지만, 매일 꾸준히 하니까 한 달이 지나자 상당한 습작 시간이 축적되었다. 어떤 일을 열 몇 시간씩 한꺼번에 몰아서

하는 것보다 몇십 분이라도 매일매일 오랫동안 꾸준하게 연마하는 것이 훨씬 중요하고 효과적이라는 것을 그때 깨달았다.

드라마 극본을 무턱대고 쓴다고 느는 것은 아니었다. 드라마를 보고, 극본집을 구해서 읽는 것이 필요했고, 이론적 토대를 닦는 것도 빼놓을 수 없었다. 그러나 당시는 아날로그 시대라 지금처럼 컴퓨터나 스마트폰으로 필요한 정보를 얻을 수 없었다. 무선호출기 삐삐 시대였다. 인터넷도 매우 느려서 컴퓨터로 동영상을 시청하는 것이 쉽지 않았다. 하지만 다른 것은 몰라도 드라마 시청은 반드시 필요했다.

공 VHS 비디오테이프를 사서 비디오테이프 플레이어의 예약 녹화 기능을 이용하여 드라마를 녹화했다. 틈날 때마다 집에서 비디오테이프로 드라마를 봤다. 나중에는 주말 영화나 창작의 소재로 활용할만한 다큐 등의 프로그램도 녹화해서 몇 년이 지나자 비디오테이프가 사과 상자로 수십 상자가 되기도 했다. 지금은 조그마한 USB나 스마트폰에 온갖 문서와 동영상을 넣어서 수시로 읽고 볼 수 있으니 참으로 격세지감이 든다.

사회부 경찰 기자로 일하면서 '캠프'에서 습작하고 잠자는 시간을 줄여 녹화한 드라마를 본다는 것이 쉬운 일은 아니었지만, 이를 악물고 매일매일 숙제처럼 실천했다. 나중에 신문사 동기들이 내가 회사 근처에 별도의 공간을 마련해서 틈나는 대로 습작했다고 하니 믿기지 않는다면서 놀라워했다. 육체적으로 정신적으로 한계치의 소모전을 치르는 사회부 기자로서는 쉽지 않은 일이었다. 그러나 드라마 작가로서의 분명한 목표가 있었기에 불타는 투지로 돌파해 나갔다.

마침내 KBS 극본 공모에 당선

그러던 중 1994년에 서울지사 정치부로 발령이 났다. 실은 드라마 작가라는 목표를 달성하기 위해서는 부산보다는 서울이 훨씬 유리할 것이라는 생각에서 자원한 것이었다. 그런데 정치부 기자도 사회부 기자만큼이나 시간이 없었고 힘들었다. 정당 출입 기자는 이른 아침부터 밤늦게까지 정치 현장을 떠날 수가 없다. 사람을 만나는 횟수는 사회부 기자보다 훨씬 많아 육체적 에너지뿐만 아니라 정신적 에너지도 엄청나게 소모되는 일이었다. 무엇보다 시간이 없었다.

결국 짜투리 시간을 활용하는 수밖에 없었다. 부산에서처럼 서울에서도 회사 근처에 '캠프'를 마련했다. 당시 서울지사는 서울역 부근인 순화동에 있었는데 근처의 주택에 방을 하나 임대해서 '캠프'로 삼고, 틈만 나면 그곳에 가서 습작했다. 남들은 커피를 마시며 잡담할 시간에 나는 캠프로 달려가 극본을 썼다. 지금 생각하면 미친 사람 같았는데 당시에는 어떤 희열까지 느꼈다. 되돌아보면 꿈을 향해 달려가던 정말 행복한 시간이었다.

1995년 초 서강대학교 언론대학원 부설 방송아카데미 드라마 창작과정에 등록해서 드라마 극본을 체계적으로 배웠다. 주 2회 야간 수업으로 6개월 과정이었는데 드라마와 극작의 이론과 실제를 체계적으로 배울 수 있어서 큰 도움이 되었다. 목표 달성을 위해서는 거기에 맞는 전문적인 지식을 습득하는 것이 매우 중요하다는 것을 이 수업을 통해 깨달았다.

정치부 기자로 일하면서 일주일에 두 번 야간에 시간을 내어 강의를 듣는다는 것이 쉽지 않았다. 강의와 취재가 동시에 있으면 취재를 선택하는 것은 너무도 당연했다. 아무리 개인의 목표가 중요하다 하더라도 기자로서의 본분을 소홀히 하면 안 되니까. 하지만 그 외 개인적인 일은 강의 참석을 위해 과감하게 포기했다. 특히 피곤하다는 이유로 강의에 빠지는 것은 절대로 허용하지 않았다. 목표 달성에 눈이 멀어서 현재 자신에게 주어진 공적인 의무를 저버리면 안 될 것이다. 하지만 그밖에 개인적인 것들은 기꺼이 희생할 수 있어야 한다. 희생이 없이 거저 달성되는 목표는 없다.

목표 달성을 위해서 또 하나 중요한 것은 실패해도 포기하지 않고 도전하는 것이다. 93년부터 각 방송국의 드라마 극본 공모에 응모했다. 떨어져도 포기하지 않고 매년 응모를 한 끝에 마침내 1996년 KBS 드라마 극본 공모에 우수상으로 당선되었다. 한두 번 도전했다가 실패했다고 포기했다면 성공하지 못했을 것이다. 어쩌면 재능이 부족해서 도전이 실패로 이어질 수도 있다. 그러나 목표 설정 단계에서 자신에게 재능이 있다고 판단했다면 자신감을 갖고 포기하지 않고 어떤 어려움이 있더라도 도전을 계속하는 것이 옳다.

도전은 그 자체로 큰 가치

'쇼생크 탈출', '미저리' 등을 쓴 세계적 작가 스티븐 킹은 수십 번의 원고 거절을 당한 후 출판사의 거절 편지를 모아 벽에 못으로 박아놓고 그것을 쳐다보면서 글을 썼다고 한다. KFC의 창업자 커넬 할랜드 샌더스는 프라이드 치킨의 조리법을 1,008번 거절당하고, 1,009번째 성공해서 1호점을 낼 수 있었다. 실패에 좌절하지 않고 성공할 때까지 노력하고 도전하는 것이 무엇보다 중요하다.

방송국 극본 공모에 당선된 후 신문사를 그만두고 전업 작가로 활동했지만 인기 작가가 되지는 못했다. 써보고 싶은 드라마 극본을 마음껏 써보지도 못했다. 그러다 보니 활동한 기간도 짧았다. 아쉬움이 많이 남는 드라마 작가로서의 활동이었다.

그렇다 하더라도 드라마 작가가 되기 위해서 뜨겁게 노력했던 시간이 후회되지는 않는다. 무의미하지도 않다. 젊은 날 드라마 작가가 되기 위해 용감하고 치열하게 도전해서 작은 성공을 이뤘던 경험은 훗날 다른 일을 하는 데 큰 도움이 되었다. 무엇보다 모든 것을 바쳐서 노력했던 그 시간이 너무나 뿌듯하고 자랑스럽다. 그런 뜨거운 도전의 추억이 없는 젊은 날은 상상도 하기 싫다.

집단 지성의 힘

류동훈

경북대학교 경제학과 80학번

현
(주)로빈첨단소재 부사장

전
공군장교 입대(1985년)
한국외환은행 입사
한국외환은행 영국 현지법인 근무
외환은행 평촌/ 용인지점장
하나은행 명예퇴직

수상
은행 근무 시 근무 우수, 지점 성적 우수상 등

그외
영국 증권거래자격 보유

dhryoo80@gmail.com

류동훈

필요할 때마다 온 국민이 힘을 모아

집단지성을 발휘하는 자랑스러운 국가가 되기를 바란다.

집단 지성의 힘

집단지성은 다수의 개체들이 서로 협력하거나 경쟁하는 과정을 통하여 얻게 된 집단의 지적 능력을 의미하며, 이는 개체의 지적 능력을 넘어서는 힘을 발휘한다는 것이다. 이 개념은 윌리엄 모턴 휠러라는 학자가, 개체로는 미미한 개미가 공동체로서 협업하여 거대한 개미집을 만들어 내는 것을 관찰하고, 1910년 자신의 저서 《개미: 그들의 구조·발달·행동(Ants : Their Structure, Development, and Behavior)》에서 처음 제시했다. 또 그 뒤를 이은 학자들의 연구를 통해 "특정 조건에서 집단은 집단 내부의 가장 우수한 개체보다 지능적"이라는 일반론으로 확장되었다.

우리나라는 오천 년 민족의 역사를 유지해 오면서 국가나 민족이 존폐 기로에 선 적도 많았고, 근세에 이르러 구한말의 혼란과 일제시대, 동족상잔의 전쟁을 겪으면서 국민 대부분이 가난에 처하게 되었다. 그로 인해 전쟁 이후에는 가난 극복을 모두가 염원했고, 그러한 시대정신이 집단지성으로 발휘되면서 수십 년에 걸쳐 굉장히 힘들었지만, 기적적인 경제 성장을 하게 되었다.

그와 같은 성장을 이루어 낸 것에 대한 우리 국민의 자랑스러움과 자부심이 이제는 문화 현상으로 나타나면서, K-culture가 되어 세계로 파급되고 있고, 내 것이 아닌 택배(배달) 물건에는 손을 대지 않는 독특한 배달(?) 민족의 문화도 형성된 것 같다. 택배 문화 얘기는 양념처럼 가져온 사례이긴 하나 그 구성원 모두가 집단의 일부라는 소속감이 없으면 형성될 수 없는, 다른 나라에서는 찾아보기 어려운 문화라고 한다.

직장에서의 경험을 얘기하기엔 너무 거창한 서론인 것 같은데, 이는 지금 얘기하고자 하는 것의 시대적 배경이 IMF 시기였음을 감안해 주기 바란다. 그 당시 모든 국민이 지난 오천 년 동안 경험하지 못한 위기를 극복하기 위해 사회 각 부문에서 엄청난 노력을 기울였고, 그러한 집단지성의 발휘 덕분에 빠른 기간 내에 외환 위기를 극복해낸 것이라고 생각한다.

은행에서 시작한 사회생활

나는 80학번으로 경제학을 전공했으며 학교 졸업 후 군대에 갔고, 1988년 5, 6월 경에는 제대를 앞두고 직장을 구하기 위해 노력하고 있었다. 당시 우리나라는 88올림픽을 잘 치르기 위해 국가의 모든 역량을 쏟아서 사회간접자본 등 사회의 여러 부문에 투자를 많이 하고 있었다. 경제적으로도 활발한 성장을 할 때여서 지금에 비해 쉽게 취직할 수 있었고, 가족회의를 거쳐 안정적이라고 여겨지는 은행을 직장으로 구했다.

입행 이후에는 누구나 그렇듯 지점, 본점을 두루 경험하는 은행원의 일반적인 성장 경로를 거쳐 1999년에 여의도지점에 가게 되었다. 여의도지점은 은행 내에서 꽤 큰 지점이었는데, 나에게 주어진 업무가 기업여신 부문으로 기존 거래 기업들과 유대를 강화하여 거래를 심화시키거나 새로운 거래선을 유치하는 것이었다.

그중 기존 거래기업으로 정유 3사가 있었다. 정유 3사라 하면 당시 유공, LG칼텍스, S-Oil이었는데, 지금은 분사를 하여 이름이 바뀐 곳도 있고 다른 곳으로 이사를 간 회사도 있지만, 당시에는 공교롭게 모두 여의도에 있어서 내가 다니던 은행의 여의도지점과 거래관계가 있었다.

IMF 상황하에서의 원유 수입

1999년은 IMF의 고금리 정책과 Korean Risk Premium의 여파로, 우리나라가 외화를 차입할 경우 기준금리(런던은행간 금리)에 비해 1.5%~2%를 더 지불해야 하는 상황이었다. 그나마 이 정도는 IMF 직후인 1998년보다는 개선된 것이었고, 그 당시 우리나라의 전반적인 외화 차입금리 수준이기도 했다.

원유를 수입할 때에도 이자 문제가 발생한다. 정유사는 원유를 수입하여 정제한 후 수출, 내수 등으로 판매하는데 원유 수입, 정제 및 판매 기간을 감안하여 보통 원유 수입 시점에 대금을 결제하지 않고 약 6개월 후에 결제하게 된다. 이때 원유 가격 및 수입 물량에 따라 그 대금이 수천만 불에 달하기도 하는데, 금리가 높을 경우 그 대금의 6개월간 이자 비용 또한 부담되어 정유사의 수지에 상당한 영향을 미치게 된다.

무역 거래를 중심으로 경제구조가 이루어져 있는 우리나라로서는 Korean Risk Premium에 의한 외화 차입비용 증가는, 국가의 신용상태가 정상으로 회복되면 지불하지 않아도 될 비용의 증가였기 때문에 외환 및 무역 업무에 종사하는 분들에게는 해결해야 할 큰 고민거리였다.

여의도지점에 부임하여 정유사의 거래 내용을 파악하고 정유사 담당자와 면담해 보니, 정유사에서는 원유 수입 시 발생하는 이자 비용을 낮추고 싶은데 모든 외국계 은행이 담합하듯이 거의 동일하게 Korean Risk Premium을 적용하여 금리를 추가 부담하고 있어 힘들다는 것이었다.

은행에서 정유사와 거래하는 창구 역할을 하고 있던 내가 판단했을 때, 1999년 하반기에는 환율이나 주가 흐름이 IMF 외환 위기의 정점을 지나 점차 안정되고 있었고, 원유 수입 및 정제와 관련된 산업은 우리나라에 절대적으로 필요한 에너지와 관련된 것이어서 일반 제조업과는 달리 부도나기 어려운 분야였음을 감안하면, 금리를 그렇게 높게 지불하지 않아도 경과기간인 6개월 동안 기존 금리보다 낮은 Premium으로 원유 수입대금을 빌려줄 수 있는 은행을 찾을 수 있을 것 같았다.

당시 우리나라의 원유 수입시장에서 자금을 대여해 주고 있던 외국계 은행들은 기존의 금리정책을 계속 유지하고 싶어 할 것으로 판단하고, 기존의 플레이어가 아니면서 동 시장에 신규 진입을 원하는 외국계 은행을 찾아보던 중 중국계 은행이 생각났다. 중국계 은행은 1993년 말경 중국은행이 처음 서울에 지점을 개설한 이후 1994년부터 본격적인 영업을 하고 있었고, 그 뒤를 이어 공상은행, 건설은행 등 중국계 은행들이 우리나라에 진출하고 있었다. 지금은 여러 중국계 은행이 우리나라에 들어와서 영업을 하고 있고 지방에도 지점을 개점하여 활발한 영업을 하고 있다.

중국계 은행과 거래 시도

나는 중국계 은행 중 가장 먼저 한국에 진출했던 C은행을 방문하여 담당자인 S 부장과 면담을 했다. S 부장은 한국 발령으로 처음 외국 생활을 하게 된 여성이며, 한국 직원의 도움을 받아 의사 소통을 했다.

먼저 우리나라에서 정유산업의 중요성과 원유 수입 거래가 절대 부도가 나지 않을 안전한 무역 거래임을 준비해 간 도표와 함께 충분히 설명했고, 6개월간 낮은 금리로 자금을 대여해 줄 수 있는 은행을 구하는 중인데 귀 은행과 거래하고 싶다고 제안했다.

설명을 들은 S 부장은 제안에 감사하다는 인사말과 함께 본점에 보고 및 승인을 받아야 하며, 통상 본점 승인은 2개월 이상 걸릴 수도 있다고 하여, '과연 중국은 모든 일에 여유를 가지는 만만디 정신이 강하구나' 하고 생각했다. 은행으로 돌아와 통상적인 업무를 하며 C은행의 회신을 여유있게 기다리고 있었다.

그런데 약 2주일 후 C은행으로부터 이례적으로 본점의 승인이 빨리 나서 지금부터라도 원유 수입대금에 대한 6개월 Usance Bill 인수(경과기간에 대한 자금 대여)가 가능하니 거래를 시작하자는 연락이 왔다. 중국계 은행으로서는 굉장히 빠른 의사 결정이라서 놀라웠다.

그런데 더욱 기뻤던 건 내가 제안한 가산금리를 수용했다는 것이다. 나는 원유 수입 거래가 안전한 거래이기 때문에 C은행이 조달할 수 있는 금리에 적절한 마진만 붙여서 Usance Bill을 인수할 것을 제안했다. C은행은 신용도가 좋은 우량은행으로 국제시장에서 거의 가산금리 없이 자금을 차입할 수 있었기 때문에 우리나라 원유 수입대금에 대한 대출은 그들에게도 좋은 대출자산이었던 셈이다.

협의 끝에 최종적으로 6개월 Libor 금리에 0.8% 정도만 추가하여 거래를 시작하기로 했다. 이는 기존 외국계 은행에서 가산금리 1.5%~2%로 차입해 오던 금리에 비하면 거의 절반 가까이 낮춰졌다. 이 거래로 C은행은 새로운 우량 대출자산을 마련했고, 정유회사는 원유 수입 시 발생하는 금융 비용을 대폭 절감할 수 있어서 상호 이익이 되는 구조였던 셈이다.

이 거래는 1999년 10월에 처음 적용되어 그 이후 외국계 은행들의 가산금리가 비슷해질 때까지 활발하게 진행되었는데, 이 거래가 2000년 2/4분기경에 원유 수입시장의 가산금리가 0.6% 전후까지 대폭 하락한 것에 어느 정도 영향을 주었으리라 생각된다. 그 당시 거래되던 외환시장의 규모에 비추어 1% 정도의 가산금리 하락은 국가적으로 큰 비용의 감소를 가져왔을 것이다.

거래하던 정유사에서는 그 거래 개시 이후 우리 지점에 거래 물량을 집중시켜 주어서 많은 도움이 되었던 기억이 있는데, 정유사로서는 전혀 기대하지 못했던 위와 같은 거래를 통해 금융비용을 절감한 반대급부라고 생각된다.

IMF 때는 국가가 힘들었다. 금모으기 운동이 기억나기도 한다. 내가 속한 분야에서 국난 극복을 위해 어느 정도 기여했을 것으로 생각하며 자랑스러워하듯이 다른 분야에서도 그런 생각을 가진 분들이 많을 것이다.

필요할 때마다 온 국민이 힘을 모아 집단지성을 발휘하는 자랑스러운 국가가 되기를 바란다.

마음을 여는 열쇠는 경청

이태목

경북대학교 전자과 80학번

KDI MFDI 석사, 연세대 도시공학과 석사, 박사 수료

현

미국, 한국중소기업유통센터 대표(KDC Inc.)

한국 KDC Korea 대표

세계한인이커머스경제인협회 명예회장

전

삼성 엔지니어/ 삼성전자 근무

국회의원 보좌관(과학기술정보통신 위원장 4급)

경기도지사 투자유치 자문관(3급 대우)/ 경기도 북미사무소장(미국)

경기도 LA 섬유센터/ 경기도 미국메디컬센터 설립

World OKTA-LA 2019년 수석 부이사장/ 미국 Trick Art LLC 대표

수상

삼성그룹(회장) 기술상, 경기도지사상(공로상), 국무총리 표창장(무역진흥) 외

저서

《삼성맨 공무원체험기》, 《이것만 알아도 아마존 1등 한다》

유튜브 에이존 TV 운영

ltm0707@gmail.com

이태목

마음을 연다는 것은 내 생각에 갇혀
남의 이야기를 듣지 않는 것에서 해방되는 것이다.
다른 사람의 이야기를 들어줄 여유가 생긴 것은
그만큼 내 마음의 폭이 넓어졌다는 의미이다.

마음을 여는 열쇠는 경청

오늘은 오랫동안 닫혀 있던 내 마음의 문이 열리고 있음을 느낀 의미 있는 날이다. 아침에 경북대 80 동기들의 단체 카톡에 추교관이라는 동기가 학교에 1억 원을 기부했다는 소식이 전해졌다. 작년에 이어 두 번째라고 한다. 지난 80년대까지만 해도 전국에서 가장 좋은 대학 다섯 손가락 안에 들었던 경북대학교가 지방대학교의 위상 하락으로 예전의 명성을 잃고 있어 안타까운 터에 학교 발전을 위해 거금을 기부한 것이다. 땀 흘려 번 돈을 모교를 위해 선뜻 내놓는 것은 쉬운 일이 아니다. 감사하고 또 감사할 따름이다. 많은 동문이 지방대학교의 위상이 떨어졌다고 한탄만 하고 있는데, 솔선하여 학교 발전을 위해 노력하는 동기의 모습이 참으로 아름답다는 생각이 들었다. 나도 학교를 위해 도움이 되고 싶은데 무엇을 어떻게 해야 할지 생각 좀 해봐야겠다.

처음 만난 사람과 친구처럼 대화

한국수입협회 강의 자료를 정리해서 발송하고, 중소기업들의 바우처사업 결과를 평가하기 위해 목동에 있는 중소기업유통센터에 갔다. 처음 가는 길이라 조금 서둘렀더니 회의 시간보다 30분이나 일찍 도착했다. 바로 들어갈까 하다가 중소기업유통센터가 운영하는 행복백화점을 둘러보기로 했다.

신발매장 코너를 막 지나자 화장품매장들이 눈에 들어왔다. 유난히 매력적으로 보이는 핑크색 매장이 있어 제품들을 하나하나 자세히 보고 있는데, 그곳의 운영자인 듯한 중년 여인이 다가와 제품을 설명하기 시작했다. 예전 같으면 알겠다며 그냥 지나갔을 텐데, 오늘은 열심히 제품의 특성을 묻고 대답을 듣고 있었다. 나도 모르게 그분의 설명을 듣는 자세가 아주 진지했다. 그분이 JUABIT이라는 브랜드를 설명하면서 자신의 명함을 건네는데, 그 회사의 대표였다. 황주아 대표는 JUA라는 자신의 이름을 브랜드로 내걸었다고 했다. 제품은 상당히 고가였는데, 대표가 자신의 이름을 걸고 최선을 다한다면 가능성이 있다는 생각이 들었다.

나도 모르게 중소기업유통센터에 볼일이 있는데 잠시 시간이 나서 들렀다고 했다. 곧바로 황 대표와 공식 미팅과 같은 분위기가 되었다. 어떻게 하면 우리 중소기업들의 미국 진출을 지원할 수 있을까 늘 고민하던 차에 황 대표의 이야기에 마음이 확 쏠렸는지도 모른다. 불과 5분도 지나지 않아 아주 가까운 지인처럼 매장에 앉아 이야기를 나누게 되었다. 황 대표도 미국 진출을 위해 노력하고 있는데, 수출이 높은 장벽처럼 느껴져 망설이는 중이라고 했다. 황 대표와 20분쯤 이야기를 나누고, 2시 약속을 위해 가야 한다고 하자, 매장에서 판매하고 있는 제품 한 세트를 선물로 주고 싶다고 했다. 판매하는 제품을 그냥 받을 자격이 있을까 망설이다 고마운 마음으로 받았다.

처음 만난 사업가와 비즈니스 대화

중소기업유통센터에서 4시간에 걸쳐 30개가 넘는 프로젝트를 평가하고 다시 내려와 백화점 문을 나섰다가 JUABIT이 생각나 다시 들어갔다. 황 대표가 아직 매장을 지키고 있었다. 오랜 친구를 만난 듯 반가워했다. 황 대표가 사 온 커피를 마시면서 한 시간가량 미국 수출을 위해 필요한 것들을 설명해 주었다.

B2B 수출은 바이어가 매칭되어야 수출할 수 있지만, 아마존과 같은 플랫폼에서 고객을 대상으로 직접 판매를 하는 B3C 수출은 바이어가 매칭되지 않아도 수출할 수 있다. 하지만 수출에 대한 절차는 대부분 거쳐야 한다. 이를 위한 제품 레이블링, 인증, 통관, 국제 운송, 창고 보관, 국내 배송 등 모든 인프라 지원은 물론 박스 포장 준비, 온라인/오프라인의 다양한 마케팅 방법, B2B 바이어 컨택에서부터 미국 유통의 전반적인 사항을 내가 도와줄 수 있다는 이야기를 마치 친구에게 하듯 허심탄회하게 말해 주었다.

그러자 황 대표는 자신감이 생긴다고 하면서, 불과 1시간 만에 미국 수출을 해야겠다는 결심이 섰다고 하면서, 구체적인 방법을 논의

하자고 했다. 컨설팅 비용이나 위탁관리 비용은 얼마나 주어야 하느냐는 질문에 기업의 형편에 맞게 내면 된다고 했다. 나는 사전에 비용을 받고 싶은 생각이 없고, 수출하면서 성과에 따라 정하면 좋지 않겠느냐고 했다. 수출이 이루어지지 않았는데 미리 대가를 받는 것은 아니라는 생각이 들었다. 프로는 과정뿐만 아니라 결과로 책임지고, 성과로 대가를 받아야 한다는 생각을 늘 해 왔기 때문이었다.

황 대표와 이야기를 나누면서 이런 나 자신을 보고 깜짝 놀랐다. 행인과 매장 주인으로 만난 지 불과 1시간 남짓한데, 10년을 만난 지인처럼 서로가 마음의 문을 열고 비즈니스 이야기를 나누고 있는 것이 아닌가.

남다른 주인의식

오늘은 이것이 끝이 아니었다.

황 대표와 이야기를 나눈 덕분에 용산에 있는 집에 도착했을 때는 이미 8시 반이 지나고 있었다. 집 주변에서 저녁을 먹고 가려고 둘러보다가 순대와 뼈 해장국을 파는 식당이 눈에 들어왔다. 이 식당은 두 개의 작은 분식집이 하나로 안쪽에서 연결된 특이한 식당으로 처음 방문한 곳이었다.

순대국을 먹을까, 뼈 해장국을 먹을까 고민하면서 식당 종업원에게 어느 것이 더 맛있는지 물었다. 너무 뻔한 질문을 한 것일까. 그 종업원은 둘 다 좋다고 했다. 나는 뼈 해장국을 주문했고, 식사가 나왔다. 잠시 후 식사하고 있는데 그 종업원이 내게 입맛에 맞는지 물어보았다. 맛있다고 했더니 다행이라면서, 다음번에는 순대국을 먹어 보라고 했다. 그 말을 듣는 순간 '이분이 사장이구나' 하는 생각이 들었다. 사장의 멘트와 종업원의 멘트는 다른 법이다. 사장님이냐고 묻자, 사장 동생이라고 했다.

그 순간, 마음의 문이 열리고 있음을 느꼈다. 이전 같으면 무심코 지나쳤을 대화였는데, 사장의 마음과 종업원의 마음이 다르다는 것을 느끼게 했고, 그런 마음들이 읽히는 것이 신기했다.

마음을 연다는 것은 내 생각에 갇혀 남의 이야기를 듣지 않는 것에서 해방되는 것이 아닐까. 다른 사람의 이야기를 들어줄 여유가 생긴 것은 그만큼 내 마음의 폭이 넓어졌다는 의미일 것이다.

그동안 사람을 대할 때나 일을 해나갈 때 나도 모르게 내 생각을 강요했을 수도 있다. 그런 점이 의사소통을 어렵게 할 수도 있을 것이다. 내 생각을 강조하려다 보니 다른 사람의 이야기가 제대로 들리지 않았을 것이다.

밥값을 내면서 사장님에게 동생과 나누었던 이야기를 했다. 모두 감사해하고, 칭찬하면서 기쁨을 감추지 않았다. 다음에 꼭 다시 오라고 했다.

마음을 이어주는 온기

기쁜 마음으로 식당을 나서는데, 할머니 한 분이 추위를 막기 위해 라면 박스를 무릎에 두르고 떡을 팔고 있었다. 한 개에 3천 원, 2개가 남아 있었다. 모두 달라고 하면서, "추운데, 다 팔았으니 빨리 들어가세요" 하고 인사를 건넸다. 할머니는 옆에 놓아두었던 비트를 넣어주면서 갈아 먹으면 좋다고 했다. 할머니의 온기 서린 붉은 비트가 추운 겨울밤을 따듯이 녹여주었다. 마음과 마음이 닿는 느낌은 이럴 것이다. 다른 사람들의 이야기가 들리고, 그 의미를 생각하는 기분 좋은 하루였다. 이런 날들이 날마다 계속되기를 기대한다.

황 대표로부터 미팅 약속을 하자는 메시지가 왔다. 어떻게 일이 진행될지 자못 기대된다.

“ 프로는 과정뿐만 아니라 결과로 책임지고, 성과로 대가를 받아야 한다. ”

입사 30주년
I did it my way

박정대

경북대학교 전자공학과 81학번

현
상신EDP 부사장

전
삼성전자 PL 센터장
삼성 SDI 배터리 개발, 기술팀장
삼성 SDI 중국 법인장

저서
《인생여행, 타인들의 위로》

wupo62@gmail.com

박정대

우리도 한 번쯤은 뜨거운 사람이 되어야 하지 않겠나.
매일 아침 이 시를 자신 속에 던져 넣을 수 있다면
세상은 좀 더 살만할 것이다.

입사 30주년 I did it my way

강산이 세 번이나 바뀌었는데 시간은 마치 구운몽 같다. 입사 30주년 아침은 시원한 나무 그늘 아래에서 긴 꿈을 꾸다 일어난 느낌으로 다가왔다.

아침에 평상시 하던 운동은 생략하고 목욕탕에서 냉탕과 온탕을 오가며 이런저런 생각을 했다. 추신수 선수가 메이저리그가 되기 전에 마이너리그에서 무려 7년을 온갖 고생을 했었다고 한다. 꿈에 그리고 그리던 메이저리그에 입성했을 때 신문에서 "마이너리그를 거쳐 드디어 메이저리그의 옷을 입다"라는 기사가 났다. '마이너리그를 거쳐' 단순하고 무심한 여덟 글자에 얼마나 많은 이야기가 내포되어 있는지는 추신수 선수 외에는 잘 알 수 없을 것이다. '입사 30주년'이라는 의미도 남들은 무심하게 지나쳐도 내게는 남다른 의미가 있다.

윤동주 시인의 '별을 헤는 밤'에서 별 같이 많은 이름이 나열되듯이 지금 이 순간 나와 함께했던 소중한 이름들이 주마등같이 흘러간다. 입사 30주년은 결국 사람과 사람 사이, 그 속에 쌓인 인연의 이야기로 귀결되고, 그 속에는 고마움이 온전히 녹아 있다. 오늘은 몇 편의 시와 글을 빌려 자신을 돌아보고 새로운 감회와 각오로 제2 인생을 준비하고자 한다.

첫 번째는 "세상은 가도가도 부끄럽기만 하더라"이다.

"스물세 해 동안 나를 키운 건 팔 할이 바람이다. 세상은 가도가도 부끄럽기만 하더라" 서정주 님의 '자화상'에 나오는 글이다. 6년 전 내가 품질 문제로 책임을 지고 회사에서 강제 휴직을 당하고 여행을 떠날 때, 꼭 가고 싶은 곳이 미당의 고향인 고창 질마재 고개를 넘어 보는 것이었다. 역사의 몇몇 변곡점에서 자신의 문장 능력을 발휘하여 권력에 협조했다는 이유로 여론의 질타를 받는 상황이라, 초등학교를 개조한 전시관은 한국 최고의 시를 쓴 시인에 걸맞지 않게 관리되고 있었다. 하지만 그가 빚어낸 시는 어느 시인도 범접하기 어렵다. 그래서 참으로 아쉽다. 무엇보다 "세상은 가도가도 부끄럽기만 하더라"는 너무나 인간적인 글에 '자화상'이라는 제목을 당당히 붙이는 젊은 미당의 모습에 자꾸 마음이 간다.

철저한 자기 성찰이 없이 핑계만 찾는다면 잠시 문제는 피할 수 있겠지만 결국 자신에게 외면을 받는다. 입사 30년간 나를 이끈 힘은 남에게 책임을 전가하지 않는 것이었다. 최악의 상황에 놓이기 전에 평상시 스스로를 부끄럽게 여기는 시간이 있다면 어제보다 나은 오늘이 있을 수 있다.

주역에 "하늘은 꽉 찬 것을 일그러 부족한 것을 채운다"라고 했다. 나의 부족한 것을 채우기 위해 여러분의 꽉 찬 것을 아낌 없이 받아 30년 동안 어려운 일들을 잘 감당할 수 있었다. 돌아보니 부끄러움 천지인데 다시 감사드린다.

두 번째는 일을 어정쩡하게 하면 끝장이 나는 것이다.

"말도 어정쩡하게 하고 선행도 어정쩡하게 하는 것, 세상이 이 모양, 이 꼴이 된 건 다 그 어정쩡한 것 때문이다. 할 때는 화끈하게 하는 것이다. 못 하나 박을 때도 우리는 승리해 나가는 것이다. 하나님은 악마보다 반거충이를 더 미워하신다."

니코스 카잔차키스의 소설 《그리스인 조르바》에 나오는 말이다. 명문이 줄지어 있는 소설에서 이 글을 딱 집어낸 이유가 있다. 회사일을 하다가 심사숙고할 수도 있다. 그러나 생각이 너무 많아 어정쩡한 자세를 취할 때가 더 큰 문제가 되었다.

"일을 끌고 다녀라. 그렇지 않으면 일이 너를 끌고 다닐 것이다."

입사 후 판단의 주도권을 환경과 여건에 넘기지 않고 호시우행(虎視牛行)할 수 있는 힘이었다. 못 하나 박는 일에도 어정쩡하게 하지 않는다면, 회사에서 제대로 인정받지 못하고 진급이 늦어진다 해도, 자신만의 영역을 구축하면서 자신한테 인정받는 최고의 경지에 오를 수 있다. 얼마 전에 임원 진급을 하지 못한 고참 부장을 모시고 식사를 대접하면서 내가 해준 말은 위로가 아니라 헤밍웨이의 소설 《노인과 바다》에 나오는 "파멸당할지언정 자멸하지는 말라"였다. 자멸의 다른 이름이 '어정쩡'이다. 자멸하지 않으면 1막에서 인정받지 못해도 2막이나 3막에서 자기가 원하는 것을 얻을 수 있다. 자신에게 부끄럽지 않게 당당히 일했다면 끝장 당하는 일은 없다.

세 번째는 "너는 누구에게 한 번이라도 뜨거운 사람이었느냐"이다.

"연탄재 함부로 차지 마라
너는
누구에게 한 번이라도 뜨거운 사람이었느냐"

안도현 시인의 시 '너에게 묻는다' 전문이다. 참으로 타인을 향해 연탄재 차듯 욕구불만을 표출하는 시대이다. 특히 익명의 SNS 시대는 소심한 인간들이 마치 참호 속에 숨어서 총구만 밖으로 내고 무차별로 쏘듯이 독설을 쏟아내고 있다. '역지사지'의 입장에서 이 시를 되뇌면 최소한 남에게 상처 주는 일은 없을 것이다.

항상 칼끝은 자신을 가누고 작두에 올라설 각오가 있다면 온갖 상처를 주는 세상에서 무중력의 힘으로 이겨낼 수 있다. 이 시의 제목인 '너에게 묻는다'는 질문을 다른 사람으로부터 받지 않고, 자신으로부터 가끔씩 받는다면 실수를 대폭 줄일 수 있을 것이다. 우리도 한 번쯤은 뜨거운 사람이 되어야 하지 않겠나. 매일 아침 이 시를 자신 속에 던져 넣을 수 있다면 세상은 좀 더 살만할 것이다.

네 번째는 "봄비 값까지 이천 원이면 너무 싸네요"이다.

김해화 시인의 '아내의 봄비'에 나오는 글이다. 사는 것은 무엇일까? 내게도 꿈이 있었다. 그러나 요즈음은 모든 일을 '효율 우선주의'라는 당의정을 입혀 깊은 성찰 없이 살아왔다. 단돈 천 원에도 시처럼 봄비에 촉촉이 젖을 수 있는데 여유 있게 살지 못한 것 같다. 이제라도 감성의 숨통을 틔울 연습을 아기 걸음마 걷듯 배워야겠다.

"생물학적 성장이 분명히 끝났는데 의식 안에서 호기심, 상상력, 장난치기, 새로운 것에 대한 배움의 욕구 같은 초기 성장단계를 여전히 밟아 나가며 어린 시절의 감성과 환상을 그대로 간직한 어른"을 '니오타니(neoteny)'라고 한다. 이제 나도 생물학적 성장은 멈추고 갈수록 퇴화하겠지만, 정신적 '니오타니'로 성숙했으면 한다.

좌판에서 채소의 양과 신선함과 가격을 보고 구매의 판단으로 삼을 일이 아니라, 파는 분들의 내면에 묻어 있는 봄비까지 볼 수 있는 안목을 가졌으면 한다.

시장 벗어나 버스 정류장 지나쳐
길가에 쭈그리고 앉아 비닐 조각 뒤집어 쓴 할머니
몇 걸음 지나쳐서 돌아보고 서 있던 아내
손짓해 나를 부릅니다

냉이 감자 한 바구니씩
이천 원에 떨이미 해가시오 아줌씨
할머니 전부 담아 주세요
빗방울 맺힌 냉이가 너무 싱그러운데
봄비 값까지 이천 원이면 너무 싸네요
마다하는 할머니 손에 삼천원을 꼭꼭 쥐어주는 아내

횡단보도 건너와 돌아보았더니
꾸부정한 허리로 할머니
아직도 아내를 바라보고 서 있습니다
꽃 피겠습니다
- 김해화의 시 '아내의 봄비' 중에서

시를 읽고 나니 나도 먹먹해진다. 봄비를 묻힌 채소를 살 수 있다면 그것으로 이미 부자다. 리어카 위에 놓인 사과를 굳이 고르지 않고 담는다 해도 우리 인생은 삐걱거리지 않는다.

다섯 번째로 "세월은 흐른다. 그렇다고 서두르고 싶진 않다"이다.

눈앞의 파도가 금방 나를 삼킬 것 같고, 일에 치여 녹초가 반복되던 시절도 결국 세월이 흐르고 나면 잠잠하고 무디어진다. 신동엽 시인의 "서둘고 싶지 않다"는 말은 결국 서둘러도 아무 소용이 없더라는 경험의 잠언 같은 시이다. 어려운 일을 만나면 부산 떨고 호들갑 떠는 소인배의 시선에서 탈피하여 대국의 다스림은 총동원의 대책이 아니라 오히려 조용히 다스리는 원숙함이 더 중요하다는 것을 가르쳐 준다. 이런 여유를 몸으로 배웠으면 한다.

긴 직장생활이 바람처럼 흘러 지나갔다. 다음 옷을 벗을 시간도 또 그렇게 빨리 다가올 것이지만 서두르지 않고 천천히 생선을 구우리라 생각한다. '부지런함'의 반대말은 게으름이 아니라 '조급함'이다. 시와 사랑과 혁명을 노래하던 젊은 시절은 갔다. 이제 천천히 흐르며 대지의 마른 곳을 빠짐 없이 적시며 바다로 흘러가는 강물이 되고 싶다.

조그민 생선을 지지면서 젓갈 수저 등을 총동원하여 이리 부치고 저리 부치고 뒤집고 젖히고 하다 보면 부서져서 가뜩이나 작은 생선살이 하나도 남아나지 않을 것은 물론이다. 그러므로 수선 피우지 말고 살짝 구우라는 것이다.

나도 내 인생만은 조용히 다스려보고 싶다. 큰소리 떠든다고 세상 정치가 잘되는 것이 아니듯이 바삐 서둔다고 내 인생에 큰 떡이 돌아오진 않을 것이다. 그날이 와서 이 옷을 벗을 때까지 산과 들을 바람결처럼 흘러가는 것이다.

– 신동엽의 시 '서둘고 싶지 않다' 중에서

어릴 때 친구가 정거장에 몇 명이 내리고 몇 명이 타고 하는 문제를 내면 그 숫자를 세는 데 정신이 없었다. 심지어 운전사와 안내양의 헤아림까지 고민도 했다. 그러나 문제의 끝은 지금까지 거쳐 온 정거장이 몇 개냐? 하는 정말 쉬운 문제였다. 제대로 허를 찔렸다. 지금 내가 살고 있는 것도 이런 세상이 아닌지. 승진과 부동산과 아는 지식이 아닌 "너에게 묻는다"는 한마디가 기다릴지 모르겠다. 산을 오르는데 높이와 속도에 초점을 맞추는 것에서 탈피하여 내려갈 때 보이는 꽃을 올라갈 때도 보도록 해야겠다. 인디언의 속담 "말을 타고 질주할 때 네 영혼이 따라오는 지를 뒤돌아 보라"는 말을 이제부터 친구 삼아 가야겠다.

마지막으로 나의 '퇴직 여행'이라는 시를 남긴다. 돌아보니 내가 한 일은 모래알 하나에 새겨 놓은 자칭 '대서사시'였다. 찻잔 속의 태풍이었다.

퇴직 여행

바닷가 근처 집에 짐을 풀었다
밖은 영하의 온도가 점령한 시간이었다
문을 열어 추위에 지친 파도소리를 불러들였다
소리는 젖은 물기를 간신히 털어내고 곧 잠이 들었다

잠은 깊이가 없어 밤새 뒤척이며 잠꼬대를 했다
가수면(假垂眠) 상태인지 왕년에 소금물을 벌컥 마시며
저 촛대바위를 만들었다고 했다
인내의 칼을 백 개나 마음에 숨기고
반복을 통해 백사장 고운 모래를 모았다고 했다
그러다 뒤척이며 돌아누워 내가 다한 일이 아니라
힘을 조금 보탰다고 얼버무렸다
실은 촛대바위나 백사장까지는 오지도 못하고
바다 위에서 사라진 소리라는 것을 이미 알고 있었다
백사장까지 가는 파도의 등을 잠시 밀어주는데
온 젊음이 필요했다
나트륨만큼이나 생각이 필요하다
파도소리는 어떻게 축적되어 의미가 되는지
축적되지 않고 사라지는 것들은 의미가 없는지
많은 조언자들은 아직 젊으니 계속 소리를 내라고 한다
목청이 진동할 수 있는 한 소리를 내라고 한다
그래야 빨리 늙지 않는다고 한다
딱히 도움 되지 않는 밥이나 먹고 가자는 소리다
소리와 같이 잠을 자며 파도처럼 뒤척였다
또 하나의 심장이 파닥거렸다

직장생활도 멋지고 흥겨운 여행이었다

이승도

경북대학교 전자과 81학번

현
휴먼포커스(주) 대표이사
세계여행가/ 여행작가
경북대학교 총동창회 사무총장

전
에릭슨LG 국내사업총괄 상무
경북대학교 IT대학 겸임교수
서강대학교 MBA동문회장/ CIO클럽 회장

저서
《제품을 통한 정보통신분야 이해》, 《기업통신 솔루션》, 《이승도의 좌충우돌여행기》
공저: 《캠핑카 전국이 나의 별장》, 《나를 위한 최고의 선물, 크루즈여행》 외 다수

수상
보건복지부장관상, Frost & Sullivan 우수상 3회 수상, LG정보통신 영업왕상, 신사업왕상

peterlee4649@gmail.com

이승도

결국 참고 이겨내며 지금 내가 있는 자리에서
의미를 찾고 미래를 준비하는 자가
성과를 내고 리더가 된다고 생각한다.

직장생활도 멋지고 흥겨운 여행이었다

30년간의 직장생활을 그만두고 허탈한 마음을 달래기 위해 3년 동안 세계여행을 떠났다. 여행은 설렘, 외로움, 행복, 성취감, 좌절감, 호기심의 연속이었다. 여행을 마치고 집으로 돌아오면 여행의 좋은 것만 부각되어 좋은 추억으로 남아 있다.

인생은 길게 보고 나아가야

생각해 보니 나의 직장생활도 길고 긴 여행이었다. 30년간 15개 부서를 여행했다. 많은 부서를 여행다녔기에 지루하지 않았다. 다양한 업무를 경험했고, 다양한 사람들도 만났다. 혼자서 해결하는 문제도 있었고, 많은 사람이 함께 풀어야 하는 문제도 있었다. 혼자 해서 좋았고, 함께해서 좋았다.

나의 역량을 인정해 주는 상사를 만나 내가 원하는 부서를 다니며

하고 싶은 일을 마음껏 시도해 보기도 했지만, 상사와 갈등으로 내 업무와 관련 없는 여러 부서로 10년간 유랑하기도 했다. 내가 원하는 부서에서 근무할 때는 기존 사업을 확대하며 미래를 위한 준비도 하고, 열정을 다해 후배들을 육성하기도 했다. 내가 원하지 않는 부서를 다닐 때는 새로운 사람들과 새로운 마음가짐으로 문제점을 개선하거나 해결하며 그 부서의 분위기에 적응하기 위해 노력하기도 했다. 기술부서에서 마케팅부서로 이동했을 땐 MBA 과정에 등록하여 공부하기도 했고, 다시 연구소로 발령났을 때는 야간에 정보대학원에 다니거나 강남 IT학원에서 컴퓨터 언어를 배우며 적응하기 위해 고군분투하기도 했다.

대학을 졸업한 뒤에 삼성반도체통신㈜에서 잠시 근무한 적이 있다. 구미공장의 폐쇄된 공간에서 근무하고, 공장 내 기숙사에서 생활하는 것은 자유분방한 나에겐 쉽지 않았다. 모두가 나보다 성실한 동료였기에 미래도 불확실했지만, 공장 업무가 마음에 들지 않았다. 오래지 않아 거기서 탈출했다.

그런데 그 공장에서 같이 근무한 분 중에 애니콜의 신화로 유명한 이기태 삼성 부회장이 배출되었고, LG전자 창원공장에서는 LG전자 CEO인 김쌍수 부회장이 배출되었다. 공장의 한 분야에서 최선을 다한 분들이 최고의 자리에 오르는 것을 보면서 어느 분야에서 근무하든지 최선을 다하면 최고가 될 수 있다는 것을 느꼈다. 인생은 몇 년 만에 끝나는 것이 아닌, 길게 보고 나아가야 한다는 것을 깊이 느꼈다.

한직에서 최선을

여의도 LG 트윈빌딩에서 다시 직장생활을 시작했다. 학창 시절에 가출도 하고, 고등학교 3학년 때 대학 시험도 치루지 않아 재수해서 대학에 진학했고, 삼성에 취직한 뒤에 적응하지 못해 회사를 바로 그만두는 등 부모님을 힘들게 했기에 나의 목표는 간단했다. 부모님이 살아 계시는 동안 직장을 옮기지 않는다는 것이었다. 별다른 목표나 계획 없이 단순한 마음가짐이었다. 다들 내가 직장생활을 오래할 수 없을 것이라고 생각했는데 30년을 다녔다. 나에겐 그 자체가 엄청난 성과였다.

처음 배치받은 영업기술과에서 선배들 잔심부름한 것만 생각난다. 밤새도록 고객에게 제출할 자료를 카피, 제본하고 전국에 구축하고 있는 시스템 불량품 교체하는 허드렛일은 항상 나의 몫이었다. 단순한 일도 열심히 하니 인사철만 되면 나를 오라고 하는 부서가 많았다.

처음 생긴 마케팅과에 합류하여 다양한 경험을 할 수 있었고, 다시 기획과로 옮겨 사업부 전체 관련 업무를 진행하기도 했고, LG경제연구소로 파견 나가 회사 전체를 진단하는 일을 하기도 했다. 보통 파견 나가면 휴가같이 생각하며 무책임하게 일을 하는 경향이 있는데, 나는 경제연구소 팀장이 원하는 자료를 본사에서 받아 성실하게 제공해 주었다. 현업에 복귀하자마자 우리 회사에서 파견 나간 4명 중 나만 다시 파견 요청받아 비중 있는 일을 경험하게 되었다.

과장으로 진급하기 전 영업부서에 지원했다. 향후에 영업부서에서 회사생활을 마무리하고 싶은 마음에 실무를 익히고 싶어 선택했다. 기존의 부서원이 있었기에 내겐 가장 시간이 많이 걸리고 상대하기 어려운 고객이 주어졌다. 경쟁사가 독점하는 고객사에서 하루 종일 어슬렁거리며 시간을 때웠다. 운이 좋게 기회가 주어졌고, 고구마 줄기같이 많은 프로젝트가 이어졌으며, 내가 추진한 사업은 사업부의 캐시카우로 발전되었다. 나는 이 상태가 5년 이상 지속되지 않을 것으로 보고 신규사업에 몰두했다.

신규사업이 정상궤도에 올라 실적이 성장하는 시점에 상사와의 갈등이 심해졌다. 상사는 본인의 대학 동문과 이전에 같이 근무한 후배 사원만 챙기며 많은 기회를 주었고, 내가 일으킨 사업에서 차츰 배제되기 시작했다. 단둘이 있을 때는 회사를 그만두길 종용하기도 했다.

이후 나의 의사와 상관없이 연구소로 전배되었고, 고객지원팀에서 설치 현장을 전전하기도 했으며, 다시 A/S 부품창고와 콜센터에서 근무하기도 했다. 이어서 대전지점으로 발령났다. 영업과 신규사업을 하면서 정신없이 고객을 만나며 바쁘게 생활하다가 신입사원과 단둘이서 아무도 찾지 않는 부품창고에서 자리를 지키는 일은 그야말로 고문이었다.

창고로 발령 난 날 경영자를 찾아가 오기로 부품창고를 혁신하겠다고 한 말이 생각난다. 실제로 직원 한 명과 함께 엉망이던 부품창고를 아주 깔끔하게 정리하면서 상당히 많은 주요부품의 재고가 부족한 것도 밝혀냈다. 하찮은 일로 생각할 수 있지만 최선을 다했다.

쓸모없는 경험은 없다

대전지점으로 발령났을 땐 차라리 몸과 마음이 편했다. 상사와는 한 달에 한 번씩 하는 회의에서만 보면 되었다. 덕분에 대전과 충청도 지역을 여행 삼아 출장 다녔고, 회사에서 취급하는 모든 제품을 다 경험할 수 있었다. 지점 인력을 관리하며 지점 사업의 특성과 제품을 전부 파악할 수 있었다. 이런 경험이 국내사업 전체를 맡게 되었을 때 모든 제품과 유통망을 속속들이 파악하고 있었기에 신속히 의사 결정을 하고, 인력의 조정과 배치를 과감하게 할 수 있었다.

사업이 최악의 상황이 되면서 나와 갈등 관계에 있던 상사가 퇴직했고, 사업의 구원투수로 내가 진급하여 복귀하게 되었다. 그동안 사업과 관련된 모든 부서에서 근무한 경험으로 부서직원들과 신뢰 관계가 형성되어 있었다. 나를 아는 직원들은 사업이 되살아날 수 있다고 기대하며 환영해 주었다. 사업을 하면서 관련되는 부서의 상황을 알고 공감대를 형성하는 것은 매우 중요하다. 특히 사업이 위기 상황에 있을 때는 결정적인 역할을 한다.

곧바로 연구소를 방문하여 흩어진 직원들과 함께 새로운 제품 개발 가능성을 확인하며 적극적인 투자를 약속했다. 다음 날 A/S 직원들이 회식하는 식당을 방문했을 때 모두 일어나 박수로 맞이해 주었다. 사기가 최악으로 떨어진 A/S 직원들에게 사업의 재기를 약속했다.

이어 청계산에 대리점 임직원들을 초청하여 반드시 사업을 살릴 테니 기다려 달라고 했다. 나와 함께 사업을 해본 대리점 사장도 기대를 걸고 있었다. 제품 개발하는 기간 2년을 포함하여 5년 뒤에 우리는 시장에서 주도권을 행사하기 시작하여 지금까지 시장을 리드하고 있다.

끈기와 성실함이 지금의 자리를 만든다

15개 부서를 돌고 돌아 원위치로 되돌아 왔다. 15개 부서 전부 나름 중요한 일을 하고 있었고, 주어진 일을 열정적으로 수행한 직원들 모두가 훌륭하게 성장하는 것을 보았다. 모든 부서에서 다양한 경험을 할 수 있었고, 그 업무가 향후 직장생활에 다 도움이 되는 것들이었다. 잠시 참지 못하고, 지금 하는 일이 마음에 들지 않는다는 이유로 방황하고 힘들어하고 쉽게 그만두는 이들을 많이 보았다. 새로운 환경의 다른 일은 쉬울 것으로 기대하고 이동하지만, 더 어려운 일들이 펼쳐지는 상황이 대부분이었다.

결국 참고 이겨내며 지금 내가 있는 자리에서 의미를 찾고 미래를 준비하는 자가 성과를 내고 리더가 된다고 생각한다. 국내사업총괄 상무로 근무힐 때 내 위에 뛰어난 선배들이 많았다. 힘들어도 내가 참아낸 것을 그들은 참지 못했다. 부서가 바뀌었다고, 상사와 의견이 맞지 않는다고, 인정을 해주지 않는다고, 시장이 어렵다고, 제품이 형편없다고 포기하고 떠나는 것을 많이 보았다.

어려운 상사도 곧 바뀌고, 시장 상황이 좋아질 수도 있다. 일 년 기다리다가 안 되면 2년 기다리고, 2년 기다리다가 안 되면 3년을 기다리는 끈기가 필요하다. 그냥 기다리는 것이 아닌, 어떤 환경에도 살아남은 역량을 키우고, 배짱을 키우고 준비한다면 반드시 기회가 온다.

그러나 그런 기회가 영원히 오지 않을 수도 있다. 이전같이 한 회사에 오래 근무하는 것이 미덕이 아닐 수 있다. 상황을 정확히 판단하여 도약할 수 있는 더 좋은 기회가 있다면 새로운 환경에서 과감히 도전하라고 말하고 싶다. 도피가 아닌 도전이 되어야 한다. 새로운 환경에서 적응하고 도약하려면 기존의 환경보다 어렵다는 것을 알고 도전해야 한다.

도저히 아니라 생각하고 다시 시작한 그 삶도 결과는 비슷하다는 것을 느낄 때가 많다. 마지막에 나의 삶이 어떻게 전개될 것인지를 항상 고민하고 노력해야 할 것이다. 직장생활이 멋지고 흥미로운 여행이 될 수 있도록….

내 인생의 최고의 사업, 미얀마 양곤 장학사업

혼자서 40여 일간 아프리카 종단여행을 떠났다. 탄자니아 수도 다르에스살람에서 잠비아 수도 루사카로 향하는 기차가 다리를 건너기 직전에 탈선하여 멈추어 섰다. 그런 일이 자주 벌어지는지 곧 바로 번개장터가 열렸다. 근처 주민들이 바나나와 빵과 같은 음식을 팔기 시작했다. 그곳에서 그렇게 하루를 보냈다.

아프리카 사제들을 만나 지원을 약속

철도 위를 산책할 때마다 내 주위를 맴도는 아이들이 어느 순간 보이기 시작했다. 배고픈 표정으로 손을 내미는 아이들, 철로의 자갈밭을 맨발로 걸어 다니는 아이들, 군데군데 심하게 헤어져 구멍 난 옷을 입고 있는 아이들…. 어떤 아이는 아기를 업고 있었다. 부모 없이 몰려다니다 아기를 낳아 업고 다닌다고 한다. 잠시 머물다 떠날 여행객이었으나 24시간 동안 그들 속에 파묻혀 생활하다 보니 그냥 지나칠 수 없었다.

2박 3일의 아프리카 종단 기차여행이 탈선, 기관 고장을 일으키며 몇 번을 가다서다 하다가 4박 5일로 늘어났다. 열차 중간에 있는 바에서 맥주를 마시다 아프리카 사제들과 친하게 되었다. 아프리카에서 사제는 최고의 엘리트 집단이다. 그들은 기차 밖에서 구걸하는 아이들이 눈에 들어오지 않는 것 같았다.

나는 진지하게 그들에게 이야기했다. 한국과 아프리카는 50여 년 전에는 비슷했지만, 지금 한국은 선진국이 되었고 아프리카는 그대로 머물러 있다. 앞으로 50년 뒤에도 동일할 것 같다. 한국의 새마을운동과 같은 환경 개선 운동과 높은 교육열이 한국을 변화시켰다. 기차 밖에서 방황하는 아이들 중에는 아프리카를 구하지는 못해도 도움을 줄 수 있는 훌륭한 아이들이 있을 것이다. 너희들이 주변의 버려진 아이들을 구제하여 교육한다면 내가 자금을 지원하고, 한국의 여러 기관을 통해 장기적으로 지원할 수 있도록 노력하겠다고 했다. 그때 나는 술에 취한 상태였다.

그런 대화는 다음 날에도 이어졌다. 잠비아 수도 루사카에 도착해서 8명의 사제와 도원결의를 했다. 1,000달러를 은행에서 인출하여 그들에게 주며 근처 고아원 아이들이 공부하는 데 지원해 주라고 하고는 다음 여행지인 짐바브웨로 떠났다. 나는 아프리카 여행 중에 느낀 죄책감을 말끔히 지우고 가벼운 마음으로 여행을 떠날 수 있었다.

사제들은 근처 고아원을 찾아 학용품을 나누어주고 교육하고 있다는 소식과 사진을 메일로 날마다 보내주었다. 한 달간의 아프리카 여행을 끝내고 돌아와서 사제들에게 200~300만 원씩 송금했다. 다음해에 지인들과 함께 그들을 만나기로 했지만, 코로나로 갈 수 없어 메일로만 서로의 소식을 전했다. 3년 동안 만남이 없으니 관심이 서서히 줄어들기 시작했다.

미얀마 아이들 후원하는 '빛과나눔장학협회'와의 만남

사제들과 아이들을 만나러 아프리카에 가지 못한 공허감을 빛과나눔장학협회 가재산 회장님을 만나면서 조금 해소되었다. 미얀마가 세계에서 가장 가난한 나라이지만, 기부지수가 가장 높고 마음이 따뜻한 나라라고 소개해 주셨다. 그곳에서 가장 어려운 지역인 인도와 접경지역 타무에 100명의 아이들 장학사업을 10년 가까이 진행하고 있다고 했다. 나는 바로 매월 3만 원씩 기부하기로 약정했다.

한동안 잊고 있다가 어느 날 빛과나눔징힉협회 오순옥 사무총장에게 전화를 걸어 시간이 되면 사무실에 와달라고 했다. 사무실에 온 사무총장에게 미얀마 장학사업을 어떻게 시작했고, 현재 상황과 향후 계획을 들었다. 향후에는 미얀마의 옛 수도인 양곤에도 장학사업을 하고 싶다고 했다. 나는 미얀마 양곤은 내가 100명을 후원하겠다고 제안했다. 사무총장은 나의 제안을 듣더니 눈물을 글썽였다. 다음 날 그는 협회 임원들과 회의 중에 전화하여. 내가 한 말을 지킬 수 있느냐고 물었다. 나는 약속을 꼭 지킨다고 답했다.

그때부터 고민이 시작되었다. 사제를 통해 아프리카 아이들을 도와주는 일이 원활하게 진행되지 않았고, 아프리카는 방문하는데 비용과 시간이 많이 소요되는 것이 마음에 걸렸다. 미얀마 양곤이면 언제나 갈 수 있고, 뜻을 함께하는 지인들과 쉽게 방문할 수 있는 거리이니 장기적으로 후원할 수 있는 적당한 지역이라고 생각했다. 그런데 여유자금이 없는 것이 문제다. 며칠 동안 고민했다.

마침 여행책 출간을 준비하고 있어서 인세가 나오면 기부하고, 여행코스를 만들어 여행경비 일부를 기부하고, 지인들에게 기부를 요청하면 될 것 같았다. 적극적으로 모금을 시작한 것은 아니지만, 마음대로 되는 것도 아니었다.

책 판매로 1,000만 원 정도 기부할 수 있었고, 어머니 상중에 받은 조의금 등 4,000만 원으로 약 3년간의 비용을 미리 기부할 수 있었다. 미얀마 봉사여행은 정권을 잡고 있는 군부의 통제로 언제 방문할지 알 수 없는 상황이다. 벌써 친구 15명이 봉사여행을 신청했기에 정치 상황이 안정되면 정기적으로 봉사여행을 진행할 수 있을 것으로 생각한다. 봉사여행을 통해서 여행경비 일부를 기부하고, 함께 긴 분들에게 월 1만 원 정도 기부를 요청하면 가능할 것으로 생각한다. 잘 운영되면 주변 사람들이 자연스럽게 기부하는 분위기를 만들 수 있을 것 같다.

막상 시작하니 추가로 해야 할 일이 보였다. 미얀마 양곤 학교에는 컴퓨터가 없다고 했다. 지인들에게 요청해서 노트북 PC 18대를 기부받았다. 3개 학교에 배포되어 컴퓨터 교실이 만들어졌다. 선생님이 먼저 교육받고, 곧바로 학생들을 교육하고 있다. 오늘날 같은 정보화 시대에 컴퓨터를 한 번도 사용해 보지 않았다니 얼마나 안타까운 일인가.

크루즈 책을 출간한 뒤에 크루즈여행사에서 크루즈 강의를 요청해 왔다. 크루즈회사에서 미얀마 장학기금으로 매년 500만 원씩 후원하겠다고 약속했고, 미얀마 봉사여행 코스를 만들면 회원들에게 공지하여 여행객을 모아주겠다고 약속했다. 3년간의 장학기금을 미리 송금한 후 벌써 2년이 흘러가서 불안했는데 후원을 요청하지 않았는데도 서서히 관심을 가져주는 분들이 늘어나니 마음의 여유를 갖고 차근차근 진행해도 되는 상황이다.

우연히 시작한 미얀마 양곤 장학사업이 나로 인해 분위기가 활성화되었다고 한다. 얼마 전에 빛과나눔장학협회가 기부 분야에서 유명한 상인 '슈페리어 대상'을 받고 부상으로 3,000만 원을 받았다. 이 또한 내가 많은 기여를 했다고 한다. 얼마나 보람 있는 일인가! 나도 주변에 많이 알렸기에 지인들도 인지하고 있다. 급하게 서두를 일이 아니기에 기부를 요청한 적은 없다. 잘 운영되면 자연스럽게 동참할 것으로 확신한다.

오래 지속될 행복

직장생활 30년 동안 월급의 20~30% 정도 기부한 것 같다. 환경운동연합 등에는 30년간 월 1만원 기부하기도 하고, 후배들 장학금

등으로 1,000만 원, 2,000만 원씩 기부하기도 했다. 그러나 세계여행을 하면서 생각이 바뀌었다. 가난하지만 우리나라를 도와준 나라가 많았다는 것과 우리가 선진국이 되었지만, 그들에게 우리가 보답하거나 지원해 주는 것이 많지 않다는 것을 알게 되었다. 우리 가족, 가까운 이웃, 우리 고향이 전부가 아니고 인류 모두가 우리의 소중한 이웃이라는 생각을 하게 되었다.

은혜를 보답하는 의미도 있지만 그들과 우리가 밀접하게 맺어질 수 있고, 그들의 발전이 우리의 행복에 많은 도움을 줄 수 있다는 생각이 들었다. 우리에게 큰 감동을 주지 못하는 돈이 그들에겐 귀하며, 많은 이웃을 구제해줄 수 있다는 것을 여행을 통해 실감했다.

미얀마 양곤의 3개 중고등학교와 미얀마의 유일한 예술문화대학교의 우수한 학생들을 도와 꿈을 심어줄 수 있다는 것은 얼마나 뿌듯한 일인가? 아내와 아이들에게 간혹 아빠가 후원하는 미얀마 아이들을 만나러 함께 가자고 하면 모두 "좋아요. 함께 가요"라고 하며 밝고 행복한 표정으로 나를 바라본다.

오랫동안 함께할 지인들을 이 멋진 봉사활동에 동참시켜 인생의 색다른 맛과 행복을 함께 나누고 싶다.

진정한 리더로 살아가는 법

장성학

경북대학교 전자공학과 81학번
아주대학원 전산학과 석사

현
동원시스템즈(주) 대표이사

전
삼성전자(주) 휴대폰 영업마케팅 전무
삼성전자(주) 구미공장 공장혁신 부장
삼성전자(주) 종합연구소 책임연구원
특허: 무선헤드셋 배터리 표시방법 외 4건

저서
《미래마케팅 컨버세이션》, 시집 《꼰대라도 좋다》

수상
서울대학교 미래융합기술 최우수논문상(총장상)
삼성전자(주) 전사 경영혁신 대상

caspian3632@gmail.com

장성학

리더는 강해야 하고, 부하 사원들의 롤모델이 되어야 한다.
과거의 성공은 잊고 현재의 조직 보유 역량을 분석하여 끊임없이
기술과 전략을 연마해 나가야 성공하는 리더가 될 수 있다.

진정한 리더로 살아가는 법

오래전의 일이다.

비가 많이 내리던 어느 날, 하노이에 있는 '메트로폴호텔'의 '안젤리나'라는 바에서 위스키를 마시며 친구와 삶과 인생 그리고 철학에 대한 여러 가지 얘기를 나눈 적이 있었다. 이 호텔은 프랑스 식민통치자들이 20세기 초에 인도차이나를 지배하는 동안 유럽에서 이 지역을 방문하는 여행자들을 위해서 만든 곳인데 영국의 희극배우 '찰리 체플린'이 신혼여행을 와서 머물기도 했다. 몇 년 전 북핵 협상을 위해 북한의 김정은이 미국 대통령 트럼프와 만나 유명해진 곳이기도 하다.

이곳은 깨끗하면서도 모던한 스타일의 흰 대리석으로 만들었고 그 안에 잔디 정원을 갖추고 있어 유명 기업인이나 연인들이 자주 와서 저녁을 먹기 때문에 나는 이곳을 늘 베트남의 작은 유럽이라고 생각했다. 창밖이 춥고 어두울수록 메트로폴호텔의 안젤리나 바(Bar)

는 더욱 환하고 내부 장식이 근사해 보인다. 바의 벽에 걸려있는 많은 유명 인사들이 액자에서 내려와 여기저기서 대화하는 듯한 느낌이 들 정도로 멋진 곳이다.

바 한편에서는 명품을 걸친 베트남 젊은 남녀들이 핸드폰을 만지작거리며 SNS에 올린 사진을 서로 돌려보고 있었다. 이들을 보니 1억 인구의 베트남이 전 세계 제조업의 중심이 되면서 글로벌한 감각을 지닌 수많은 젊은 세대들이 등장하고 있다는 것을 알 수 있었다. 우리 옆 테이블에서는 눈매가 유난히 아름다운 베트남 여성이 나이 들어 보이는 유럽인에게 서투른 말로 무엇을 열심히 설명하고 있었는데 나는 그녀가 아이가 둘 정도 있는, 지방에서 올라온 이혼녀이고 자식들을 키울 돈을 벌기 위해서 끈질기게 그 유럽인을 잡으려고 노력하는 중이라는 걸 그들의 나누는 몇몇 단어들을 조합해서 유추할 수 있었다. 그것은 쾌락 추구와 생존 투쟁의 대결이라고 볼 수 있다.

진정한 리더란?

이러한 냉엄한 현실과 화려함 속에서 나는 같이 바에 간 기업인과 '진정한 리더는 어떤 사람인가'에 대해 진지한 이야기를 나누기 시작했다. 이것은 지금껏 내가 살아오는 동안 수없이 고민한 부분이다. 조직에서 리더의 역할이 중요한데 '나는 과연 어떤 리더가 되어야 할까? 카리스마 있는 리더, 추진력 있는 리더, 상사의 의중을 잘 읽는 리더, 아니면 조직의 비전을 제시하는 미래지향적인 리더가 될

까?' 등등 수많은 현실과 이상 앞에서 번뇌와 고민이 있었다. 흔히 말하듯 부하 직원이 좋아하고 잘 따르면 훌륭한 리더인가? 이것도 아니다. 실적 좋으면 훌륭한 리더인가? 이것도 아니다. 그러면 도대체 어떤 리더가 훌륭한 리더인가? 자기 관리가 철저한 리더, 전문성을 가지고 있는 리더 등 어느 것도 정답이 아니다. 조직의 상황에 따라 정답이 달라질 수 있는 것이라고 생각한다.

지금 우리가 이야기하고자 하는 것은 진정한 리더의 요건이다. 기업인인 친구는 그동안 열심히 살아온 경험을 토대로 많은 이야기를 쏟아낸다. 그가 중요하게 생각하는 것은 다음과 같다. 오늘날의 훌륭한 리더는 나무도 봐야 하고, 숲도 봐야 하고, 해박한 지식과 명철한 판단력도 있어야 한다, 즉 바다에 가면 파도만 보지 말고 파도가 넘어오는 파도 세기와 바람의 방향도 제대로 읽어야 한다는 것이다. 그래야만 변화에 선제적으로 대응할 수 있다는 것이다. 또한 이 시대가 원하는 진정한 리더는 무엇보다도 1등을 하려는 의지가 있어야 한다.

우리가 말하는 리더는 기업인으로서 두 사람 사이의 공감과 소통이다. 서로의 의견이 다르다고 아집을 부리거나 남들의 이야기를 경청하지 않으면 소통은 이루어지지 않는다. 즉 옆에서 떠드는 베트남 여인의 의미 없는 메아리와 다를 바 없다.

세월이 바뀌어 오늘날 존경받는 리더는 직원들에게 회사에서 어떻게 커리어를 만들고 성장해 나갈 수 있는지를 코칭해 주어야 하고, 구성원들이 하는 일에 의미를 잘 부여해 주어야 한다. 그리고 즐겁게 일하는 분위기를 만들어 주어야 한다. 물론 이러한 가운데에서도 리더의 경영 숫자는 기본 중의 기본이다. 그동안 리더가 되고 싶어하는 사람들을 많이 만났지만, 도전과 창의를 바탕으로 한 경영성과 없이 훌륭한 리더가 된 사람은 없다고 생각한다.

리더의 조건, 끊임없는 공부와 혁신, 도전

우리는 다시 이야기를 이어 나간다.

1등을 꿈꾸는 자만이 리더가 될 수 있다. 한마디로 말하면 2등 사고를 가진 사람이 1등이 되거나, 이류 사고 인생이 1등이 되기는 참으로 어렵다. 사실 인생에서 1등이 되기를 꿈꾸는 사람은 수많은 인내와 노력이 필요하다. 뒤에서 따라오는 수많은 경쟁자와 싸워야 하고, 1등을 지속적으로 유지하기 위해서는 끊임없는 공부와 혁신, 도전이 필요하다. 이것이 리더가 되기 위한 최소한의 기본이다.

사람들은 누구나 일류 그리고 1등이 되고 싶어 하지만, 1등이 되기 위해 치열하게 노력하는 사람은 생각보다 많지 않다. 개별 회사의 경우 1등이 되려면 회사 고유의 조직문화가 바뀌어야 하고, 조직 구성원들의 질(質) 또한 중요하다. 그러나 무엇보다 중요한 것은 경영자 즉 리더의 1등을 하겠다는 의지이다. 1등에 대한 의지를 가진 리더가 회사에 없으면 1등 전략은 공허한 염불에 불과하다.

이러한 점에서 예전 상사였던 삼성의 신종균 부회장님은 타고난 전략가이고, 철저한 1등주의자이다. 그것도 완벽한 1등을 꿈꾸는 그리고 실제로 글로벌 휴대폰 사업에서 누구도 따라오지 못할 정도로 철저하고 완벽한 1등을 만들어 낸 분이다. 그분이 늘 강조한 말은 '707030'과 'Uncontested Supremacy'이다. 이 말뜻은 누구라도 감히 범접하지 못하는 최고 수준의 경지에 이른 1등이 되어야 한다는 말이다. 그리고 이러한 1등 전략은 쉽게 남이 따라오지 못하도록 하이테크한 기술적 기반 위에서 가능하다고 늘 강조하신 분이다.

여기서 말하는 '707030'이란 진정한 1등 영업전략으로 전 세계 어느 나라든지 70%의 스마트폰 마켓셰어와 70%의 태블릿 마켓셰어 그리고 영업이익률 30% 달성을 의미한다. 사실 누구든지 남의 나라에서 영업하여 70%의 마켓셰어를 달성한다는 것은 불가능해 보이기도 한다. 그러나 그때를 떠올리면 우리는 리더의 1등 전략을 머리에 새기면서 신들린 듯이 일할 때마다 "707030"을 외치며 노력하고 또 노력했다. 그 결과 실제로 요르단이나 말레이시아 등 전 세계 몇 개 국가에서 '707030'을 달성하기도 했다. 노력하면 가능한 일이고 또 해야 할 일이었기에 그리고 해보고 싶은 일이었기에 성과를 만들어 낸 것이다.

이러한 일을 추신하나 보면 조직 내에서 따라오는 사람도 있고, 불만을 가진 사람도 많다. 그러나 우리가 가야 할 길은 1등의 길이다. 그래야만 기업이 지속 성장을 할 수 있고, 후배들에게도 좋은 일자리를 제공할 수 있다. 요즈음 세상에 이러한 사명감을 지닌 사람이 얼마나 될까? 많을 거라고 생각하면서도 알 수 없는 게 인생이고 삶이라는 말에 서로 공감하면서 위스키잔을 마주댄다.

리더의 자격

예전에 글로벌 해외영업을 하면서 리더로서 거래선 문제로 힘든 상황이 있었는데 부하 사원들을 독려하며 일을 추진해 나간 데는 평소에 늘 가슴속에 새겼던 명언 한 구절이 큰 힘이 되었다. 영화배우 멜 깁슨이 주연을 맡은 'We were soldiers'라는 영화에 나오는 이야기다. 미국이 베트남 전쟁 초기에 전면전을 준비하며 적진에 파견되는 임무를 맡은 멜 깁슨이 전장(戰場)인 이아드랑 계곡으로 떠나기 전에 전 부하들을 모아놓고 한 잊지 못할 명연설이다.

"When we go into battle I will be the first to set foot on the field and I will be the last to step off. And I will leave no one behind. Dead or alive we will all come home together. So help me God(우리가 전투에 투입되면 내가 맨 먼저 적진을 밟을 거고, 맨 마지막에 적진에서 나올 것이며, 단 한 명도 내 뒤에 남겨두지 않겠다. 우린 살아서든 죽어서든 다 같이 고국으로 돌아온다. 신의 은총을 빈다)."

영화를 보며 이 연설을 듣고 나는 깊이 감동했다. 리더가 항상 앞장서서 일하고, 모든 일을 적극적으로 솔선수범하면 어떤 전쟁이든 이길 수밖에 없다.

사람들은 누구나 열심히 공부해서 대기업에 들어가고 싶어 하고, 열심히 일하면서 샐러리맨의 꿈인 임원이 되기를 원한다. 대기업 임원이 되면 전용 비서도 생기도, 넓은 방도 별도로 생기고, 자리에 냉

장고, TV도 있고, 월급도 많이 오르고, 모든 것이 일순간에 해결된다. 즉 샐러리맨 인생의 화양연화이다.

친구가 위스키잔을 비우면서 나에게 물어본다. 대기업에서 임원이 되려면 무엇을 어떻게 해야 하는지? 이 순간 내가 해줄 수 있는 말은 오직 하나다.

"일하고 또 일하면 어느 시점에 누군가는 반드시 알아주고, 좋아해서 하는 일은 절대로 사람을 배신하지 않는다."

사실 대기업에서 임원이 되는 사람들은 몇 가지 공통점이 있다. 그들을 살펴보면 대부분 창의적인 자세로 맡은 바 일을 묵묵히 한다. 또한 어떤 회사든지 사원들에게 끊임없이 변화와 성장을 하도록 기회를 제공한다는 사실을 인지하는 것이다. 즉 키울 싹들은 지속적인 관심과 배려를 가진다는 의미이다. 나의 경우는 이런 성장의 기회를 통해서 부족한 부분을 항상 업그레이드시켜 나갈 수 있었다. 조직과 사람이 바뀔 때마다 비판하고 반대하기보다는 이해하는 자세로 인내하면서 새로운 일을 익혀 나가면 차별화하고 강한 자신의 모습을 만들 수 있다고 생각한다.

나의 경우는 처음 직장생활을 삼성전자㈜ 종합연구소 엔지니어로 시작하여 실무와 공학적인 백그라운드를 착실히 다졌고, 전혀 다른 분야인 구미 공장에서 제조 및 생산혁신 관련 일을 할 때, 현장과 공감하면서 공장 전반의 제조나 품질관리 등의 프로세스를 배웠다. 이것은 오늘날 CEO로서 많은 공장을 효율적으로 운영하고 개선해 나가는 데 큰 바탕이 되었다, 사실, 과/부장 시절에는 혼자서 이런저런 일을 자발적으로 하면서 구매, 관리, 영업, 개발 등 회사의 중요한 프로세스와 시스템들을 이해하고, 때로는 동료들과 흥에 겨워 나와 회사의 미래를 구상하기도 했다. 다시 개발실로 돌아와서 글로벌 개발 과제를 관리하는 개발기획그룹장 시절에는 업무 특성상 수백 개의 협력업체 및 다양한 국내외 고위 기업인 및 오너들과 인연을 맺었다. 회사 내에서도 고위 임원들의 관심사를 자연스럽게 알게 되어서 회사의 미래 방향성을 파악하게 되었고, 이것은 나중에 나의 발전과 경쟁력 강화에 큰 힘이 되었다.

롤모델 찾기

위에서 언급한 이런 경험들이 내가 임원이 되고 나서 휴대폰 해외영업 마케팅 총괄을 제대로 하고, 매출 신장 및 이익 창출 신화를 만든 원동력이다. 다시 말하면 회사는 내게 늘 변화와 업그레이드의 기회를 준 것이다. 일부 사람들이 적응하지 못하거나 스스로 원해서 현 부서에서 다른 부서로 전배가는 것과는 달리, 나의 진로는 늘 회사가 먼저 Position을 결정해 주었다. 이건 내 인생의 큰 행운이었다고 생각한다.

회사생활을 하면서 참으로 좋은 분들을 많이 만났고, 이분들의 도움이 나의 30년 이상의 직장생활에 큰 힘이 되었다. 직장생활 할 때 만난 모든 분이 내 인생의 부족한 부분을 채워 주고 지원해 주며 잘 가르쳐 준 덕분에 나름대로 의미 있는 직장생활을 한 것 같다. 훌륭한 상사들 덕분에 내 인생의 부족한 부분은 가려질 수 있었다. 부족한 부분은 상사를 롤모델로 삼아 차근차근 배워나갔고, 그분들의 카리스마를 흉내내면서 배우기도 했다.

회사생활을 오래할 수 있던 까닭은 일하면서 나름대로 열심히 공부한 것이다. 아울러 회사에 충성하고, 사람에 충성하고, 남들보다 적게 자고, 더 많이 일하고, 더 많이 고민한 것이 무난히 직장생활을 하는 데 큰 힘이 되었다. 일할 때는 야전 군인처럼 맹목적으로 솔선수범하면서 일했다.

그러나 요즈음은 회사에서 이런 사람들이 통하지 않는다는 것을 안다. 이제는 리더가 구성원들과 같이 논의하고 모든 일을 함께 결정하는 문화로 바뀌었다. 조직을 이끌어가는 패러다임이 MZ 세대들에게는 시대 상황에 맞게 바뀐 것이다. 그때는 그것이 맞았지만, 지금이 아닐 수도 있다는 뜻이다.

미래를 준비하는 리더

마지막으로 우리는 미래를 준비하고 조직을 잘 이끌어가는 리더십에 대해 의견을 나누었다. 리더는 늘 불확실한 비즈니스 상황에서 늘 자신감과 당당함을 부하들에게 보여줘야 한다. 이것을 통해서 미래를 정확히 예측하고, 지속적으로 미래 먹거리를 창출해 나가기 위해선 무엇을 해야 하는지 알아야 한다. 리더는 먼저 시장 변화의 흐름을 파악해야 하고, 우리가 팔고자 하는 제품이 아닌 늘 고객이 원하는 제품을 판매해야 한다. 즉 고객과 시장이 원하는 제품을 만들고 팔아야 한다. 또한 리더는 현실에 안주하지 않고, 혁신과 변화에 대한 도전을 두려워하지 않아야 한다. 사실 혁신은 조직과 개인의 고통과 인내를 필요로 한다.

아울러 리더는 경쟁사의 움직임을 예의 주시하면서 늘 경쟁사의 제품과 영업전략을 분석해야 한다. 옆에 있는 친구가 한마디 거든다. 리더는 긍정 마인드로 조직 구성원, 비즈니스 모델 수준의 역량을 객관적으로 냉정히 평가하면서 미래 모습과 현재 상태를 비교하고 분석하는 것이 중요하다고 한다. 사실 이 순간에도 다가올 3년, 5년 뒤의 미래 모습을 가슴 설레며 꿈꾸는 것은 큰 즐거움이다.

리더십이 발휘되거나 생존을 위해서는 개인이나 기업이나 창의적인 기술 리더십을 가져야 한다. 즉 앞으로는 기술이 마케팅을 변화시키고, 양적인 1등에서 질적인 1등으로 변화시키는 원동력이라는 것을 인지하고 사업을 혁신해 나가야 한다. 오늘날에는 무엇보다도 중요한 것은 구성원들의 조직관리이다. 업무 평가에 대한 공정성, 부하 사원 육성, 협업 문화 창출 등 철저한 조직관리가 되어야 리더로서 살아남을 수 있다. 그러나 모든 사람이 리더를 다 따라올 수 없다는 사실도 인지하고, 스트레스를 스스로 조절해 나가는 법도 터득해야 한다.

테이블 위의 위스키병이 거의 비워질 때쯤 우리들의 이야기도 끝을 맺었다. 리더는 강해야 하고, 부하 사원들의 롤모델이 되어야 한다. 과거의 성공은 잊고 현재의 조직 보유 역량을 분석하여 끊임없이 기술과 전략을 연마해 나가야 성공하는 리더가 될 수 있다. 이러한 리더가 되어야 인생의 화양연화를 지속적으로 만들어 갈 수 있다고 하면서 우리는 자리에서 일어섰다.

> “인생에서 1등이 되기를 꿈꾸는 사람은 수많은 인내와 노력이 필요하다. 뒤에서 따라오는 수많은 경쟁자와 싸워야 하고, 1등을 지속적으로 유지하기 위해서는 끊임없는 공부와 혁신, 도전이 필요하다.”

열정과 호기심이 만드는 새로운 기회

권영혁

경북대학교 전자공학과 82학번

현

(주)휴비스 전략사업부 본부장

전경련 경영자문단 자문위원

(사)한국창업멘토협회 멘토/이사

전

(주)뉴로젠 대표이사/사장

한국Oracle(유) 한국사업총괄 부문장

BEA시스템즈코리아(주) 기술이사

한국HP(유) 컨설턴트

(주)효성 전자연구소 개발연구원

yhkwon67@gmail.com

며, 새로운 직장으로의 이직과 새로운 직무로 전직, 창업 등 수십 번의 변화가 일어날 수 있다. 이러한 변화의 과정에서 경제적인 측면과 더불어 열정적으로 일했던 경험이 또 다른 인생 30년의 밑거름이 되었다.

소프트웨어 개발자로 첫 출발

1986년에 첫 직장인 효성의 전자연구소에서 사회인으로 출발했다. 직무는 PC, 워크스테이션, UNIX 시스템 운영체제 소프트웨어 개발이었다. 한글 처리를 위한 기능과 새로운 통신 하드웨어 제어를 위한 펌웨어(Firmware), 운영체제(MS-DOS, UNIX) 소프트웨어 개발을 했다. 또한 시스템 소프트웨어 개발과 더불어 워드프로세서, 파워포인트 등의 사무자동화(OA) 소프트웨어를 개발했다. 소프트웨어 개발에 대한 관심과 재미가 일에 대한 몰입과 열정을 불러일으켰고, 그로 인해 승진도 하고 여러 성과도 내었다. 근무 시간이 자유로웠기에 자율적으로 밤늦게까지 일하고, 집에서도 항상 소프트웨어 알고리즘 관련 서적을 읽으며 실력을 키웠다. 6년간의 소프트웨어 개발 과정은 대학에서 배운 것을 실현하는 훌륭한 경험이었다. 그러한 경험을 통해 자신 있는 소프트웨어 개발 전문가가 되었다.

정보전략 컨설턴트로 활동

1992년 4월, 창업하기 위해 회사를 떠나기로 했다. 새로운 도전이었다. 그 당시에는 창업에 대한 위험이나 두려움을 생각하지도 않고 사표를 냈다. 창업하기 위해 몇 년 치 연봉에 해당하는 비용으로 UNIX 운영체제 프로그램(소스 코드)을 구입해 운영체제 관련 회사를 설립하려고 했다. 창업 준비를 열심히 하고 있을 때 UNIX에 대한 개발과 운영, 관리 등에 대한 기업부설 교육센터에서 강의하게 되었다. 창업을 시작도 하지 못하고 HP에서 정보전략 컨설턴트로 일하게 되었다.

글로벌 회사에서 컨설턴트라는 직무를 수행하며 인생의 큰 경로를 바꾸는 계기가 되었다. HP에서의 컨설턴트는 기술 전문가로서의 자신감과 역량보다는 사람과 시장을 이해하고 소통하는 능력이 더 중요하다는 것을 깨닫게 되었다. 컨설턴트는 영업과 같이 시장(Market)에서 고객을 만나는 직업이었다. 정보기술(IT)을 잘 이해하는 전문가여서 컨설턴트로 성공하는 것이 아니었다. 전문적인 IT 지식이 기반은 되겠지만, 그보다 더 높은 성과를 내는 것은 사람을 만나고, 이해하고, 소통하는 능력이었다. 고객의 눈높이에 맞는 기술적인 솔루션과 서비스를 소통하는 것이 성공의 요인으로 작용했다.

컨설팅 업무는 정형화된 제품을 제공하기보다는 강의, 아키텍처 설계, 전략 수립, 프로젝트 수행, 프로젝트 관리 등 다양한 서비스 형태로 고객에게 전달하고 소통이 이루어지도록 노력했다. 더불어 고객의 눈높이에 맞춰 컨설팅을 제공할 때 무엇보다 고객 기업의 비즈니스 모델, 핵심가치, 핵심역량과 핵심부서, 조직문화 등을 이해하고 통신, 금융, 공공, 제조 등의 다양한 산업을 경험하고, 산업을 넘나들며 융합의 기회도 경험할 수 있었다. 스타트업 창업가에게 자문을 진행할 때 기술과 아이디어를 고도화하기 위해 시장 및 고객과의 접목을 강조하고 자문하게 되었다. 기업가가 고객과 직원을 잘 이해하고 소통하며 이타 정신으로 사람을 대하는 기업가정신이 중요함을 깨닫게 되는 기회였다.

사람에 대한 이해를 위해 필요한 지식과 지혜는 사람을 많이 만나면서 깨닫는 것도 있지만, 체계적인 프레임을 가지고 접근하는 것이 빠르게 성장하는 데 도움이 되었다. HP에서 다양한 소프트 스킬 교육과 훈련으로 심리학, 프레젠테이션, 협상, 소통, 프로젝트 관리 등을 습득하는 계기가 되었다. 이러한 소프트 스킬 교육의 영향으로 심리학, 인문학, 소통에 대한 관심이 많아지면서 관련 서적을 읽거나 사람을 만나면서 체계적인 프레임으로 정리하게 되었다. 글로벌 기업의 수평적인 조직문화, 회의문화, 토론문화 등은 물론 심리적으로 안정적인 조직 운영을 경험하고 배운 대로 실천하는 계기가 되었다. 컨설턴트로서의 활동으로 기술의 변화와 기업의 변화를 동시에 볼 수 있는 눈을 가지게 되었다.

컴퓨터 시스템 환경이 네트워크를 통한 분산 처리로 급격히 진화하면서 분산된 시스템의 소프트웨어가 서로 연동되어 큰 업무를 처리하는 분산 애플리케이션 환경을 구성하기 위한 미들웨어가 필수로 인지했다. 미들웨어에 대한 글로벌 교육을 먼저 받은 후 광주은행에서의 한국 최초의 메인프레임 다운사이징 프로젝트와 더불어 신한은행의 메인프레임 다운사이징 프로젝트를 진행했다. 2년여 기간 동안 신한은행 직원처럼 활동하면서 아키텍처 설계, 새로운 프로그램 언어에 대한 강의, 개발자에게 샘플 애플리케이션 제공, 애플리케이션 에러 처리, 시스템 장애 대응 등 기술적인 분야를 주관했다. 신한은행 프로젝트에서 '월화수목금금금'의 주 7일간 근무하며 엄청나게 노력했다. 어려움도 많았으나, 신한은행의 조직문화와 전략을 이해하고, 고객과의 접점을 늘리기 위한 전략으로 텔레뱅킹, 무인 시스템, 인터넷뱅킹 등의 서비스가 분산 시스템에서 효율적으로 처리되는 환경이 되도록 큰 그림을 그릴 수 있었다.

BEA시스템즈 한국지사 기술총괄 이사로 스카우트

HP에서의 미들웨어 솔루션을 선제적으로 배우고 성공적인 프로젝트 수행의 경험으로 미국의 BEA시스템즈가 한국지사 설립을 추진하면서 기술총괄 이사로 스카우트 제의를 받아 1997년에 한국지사 최초 임직원으로서 업무를 시작하게 되었다. 아직 한국에 사무실을 준비하지 못해 입사하자마자 아시아 본부가 있는 호주 시드니 및 뉴질랜드에서 업무 현황 파악 및 기술적인 스킬 습득 등의 교육과 훈련을 받았다. BEA의 한국지사 설립을 진행하면서 창업과 같은 스타트업 활동을 수행하게 되었고, BEA의 미들웨어 솔루션 TUXEDO를 한국에서 판매하는 펜타시스템의 턱시도사업부를 인수하는 M&A 과정도 경험하게 되었다. BEA는 인터넷 시대의 태동에 맞춰 인터넷용 미들웨어인 웹로직을 보급하면서 인터넷 시대에 급성장하게 되었다.

BEA에서의 생활은 스타트업 창업과 같은 활동과 새로운 기술, 인터넷으로 급속한 변화에 따른 조직 구축과 관리, 인수합병(M&A) 등에 대한 시야를 넓히는 기회가 되었다.

미국에서 MBA(경영학석사) 공부 후 BEA 재입사

HP와 BEA에서 10년간 무척 바쁘게 지내는 동안 '나는 왜 이렇게 바쁘게 지낼까' 하고 생각하게 되었다. HP에서 근무할 때 미국 기업이 영업, 마케팅 분야에서 심리학, 소통 등을 경영에 체계적으로 활용하는 모습을 떠올리며 미국 경영교육에 대한 기대와 육체적, 정신적으로 재충전의 시간이 필요하다고 느꼈다. 이러한 계기로 미국에서 MBA(경영학석사) 공부를 하게 되었다. 15년 6개월간 사회활동은 전체 사회적 활동의 중간 시점으로 현재의 좋은 직장에서 더 성장할 수 있는 기회를 뒤로하고 향후 15년을 위한 새로운 도전을 했다.

MBA를 통해 기업에서의 실무적인 경험을 기업 경영의 전반적인 사항과 이론을 결합하고 전체를 이해하게 되었다. 미국에서 생활하는 동안 여행이나 다양한 문화 체험을 한 경험을 통해 이후에도 글로벌 트렌드 및 환경을 더욱 쉽게 접근할 수 있는 자신감을 가지게 되었다.

MBA 과정을 마치고 귀국해 경영 컨설턴트 활동을 시작하려 할 때 BEA 재입사 요청을 받았다. 예전에 기술만 담당했던 것과는 달리 영업을 포함한 활동으로 넓히게 되었다. 그리고 Oracle이 BEA를 인수합병하는 과정에서 SUN마이크로시스템즈 하드웨어 기업보다 월등히 많은 비용으로 소프트웨어 회사를 인수하게 되어 Oracle에서의 소프트웨어 솔루션 사업을 더욱 다양하게 경험하게 되었다.

Oracle에서는 한국 및 글로벌사업 총괄로서 다양한 분야를 경험할 수 있었다. 미들웨어와 클라우드 사업, 빅데이터와 경영관리솔루션 사업, 글로벌 주요고객(Key Account) 총괄, 채널 사업(Alliance & Channel) 등 한국 총괄과 삼성 영업의 글로벌 총괄 등의 업무를 진행하면서 다양한 분야의 리더로서 어느 누구도 경험하지 못한 여러 사업 분야에서 한국과 글로벌사업 총괄 부문장으로 영업과 경영에 대한 역할을 수행했다. 다양한 경영자와 함께 일하면서 경영자에 따른 조직의 변화는 물론 Oracle의 최고 경영층과의 인간적인 관계가 삼성 사업의 협력에도 많은 비즈니스 기회를 확장할 수 있었다. 국가 간, 기업 간에 최고위층 사람과의 만남에서 능력을 넘어 성실하고 배려를 앞세워 활동하면 상대방이 먼저 같이 일하자고 제의하거나 요청하는 일에 적극적인 지원을 받는 경험을 많이 하게 되었다.

바이오, 헬스케어 회사의 전문 경영인 요청

30년간의 사회생활을 뒤로하고 향후 30년을 위한 계획을 하고 있을 때, 바이오, 헬스케어 회사의 전문 경영인 요청을 받았다. 바이오 회사는 스타트업으로 AI 기반의 치매 조기 진단 솔루션 개발과 보급을 하는 기업이었다. 치매는 잠복기가 15년이고, 치료제가 없는 상황에서 조기 발견과 예방이 중요한 질병이었다. MRI 뇌 영상을 분석해 뇌 부위별 수축 변화로 치매 진행에 대한 예측과 유전자 분석을 통한 위험도를 분석, 측정으로 치매 조기 진단 솔루션 개발과 영업을 했다. 스타트업으로서 기업에 필요한 IR 투자 유치로 성공적인 자금 확보와 글로벌 네트워크 구축, 영업을 위한 전시회나 학회 참가 등 기업에 필요한 활동을 하게 되었다. 특히 바이오 분야의 지식을 확장하기 위해 서울대 보건대학원 보건의료정책 최고위과정, 경희대의 고령친화산업 전문가과정 등을 수료하고 논문이나 건강 서적 등을 통해 의료 및 건강 지식을 쌓았다. 또한 의료계 전문가인 교수, 의사 등을 만나서 지식도 넓히고 사업적인 성공 요인 등을 배우기도 했다. 바이오 기업에서 성공적인 IR 실현과 디지털 헬스케어 분야의 역량을 높임으로써 창업에 필요한 다양한 분야의 자문을 진행할 수 있는 기회를 넓혀나갔다.

현재의 창업 자문과 경영 자문 활동이 향후 30년의 방향타가 될 것이라는 자신감이 든다. 지금 자문하는 기업에서 상근 제의를 받아 대전의 휴비스에서 근무를 시작하였다. 전기차와 이차전지 산업의 공정을 초정밀 레이저 절단과 레이저 용접 장비를 개발해 미래차 공정의 변화를 주도하는 기업에서 글로벌 진출과 신사업 발굴의 역할을 담당하고 있다. 전직과 이직을 통해 다양한 조직에서 일하면서 항상 열정과 호기심으로 공부한 덕분에 새로운 기회가 찾아왔다고 생각한다. 새로운 기회가 있을 때마다 좋은 사람들이 같이 일하자는 제의도 하고, 협업도 많이 하게 되었다. 현재의 좋은 습관과 열정적인 활동이 새로운 기회를 만들고 성과도 내는 것은 물론 인생 후반인 지금도 새로운 싹이 되어 피어나고 있음을 깨닫고 있다.

" HP에서의 컨설턴트는 기술 전문가로서의 자신감과 역량보다는 사람과 시장을 이해하고 소통하는 능력이 더 중요하다. "

꿈을 이뤄주는 긍정적인 마인드

이현주

경북대학교 예술대학 미술학과 83학번
홍익대학교 산업미술대학원 광고디자인학과
한국외국대학교 신문방송학과 박사과정 수료

현
(주)디자인ON 대표
K패턴연구소 '민화양장점' 대표
여성벤처협회 회원/ Keit 심사평가위원
한국공공브랜드진흥원 이사장/ Kidp산업디자인전문회사

전
공공브랜드진흥원 이사장
한양대학교 겸임교수

수상
Japan POPAI 3회 연속 금,은상/ 자랑스런 여성 벤처인 표창

저서
《공공브랜드의 전략적 관리 글로벌시대》, 《도시브랜드의 전략적관리》 공저

Web design-on.com/ kpattern.co.kr
인스타 @minhwaboutique 블로그 blog.naver.com/k-pattern

luciaceo@gmail.com

이현주

긍정적인 마인드로 서로의 가치관과 다양한 생각을 존중하며,

자신의 사회적인 참여를 늘리면 삶은

지금보다 훨씬 풍성해질 것이다.

꿈을 이뤄주는 긍정적인 마인드

1년간 한 달에 두 번, 15분씩의 탁구 레슨만으로도 탁구를 칠 수 있을까? 중고등학교 시절 탁구 칠 기회가 없었던 나는 공조차도 받지 못했는데 놀랍게도 지금 난 탁구를 잘 칠 수 있게 되었다. 이러한 변화가 별것 아니라고 할 수도 있지만, 내겐 큰 깨달음을 얻게 된 기회였다. 이전에는 탁구를 못 치는 것이 당연하다고 생각했는데 지금은 내가 원하는 만큼 칠 수 있기에 자신감이 생겼다. 이러한 성취는 꽤 놀라운 것이었다. 매일 조금씩이라도 노력하면, 큰 변화를 이룰 수 있다는 것을 지금의 나이에 다시 알게 되어 새롭고 기쁘다. 꾸준한 노력을 기울이게 되는 그 무엇을 또 찾고 싶다는 생각이 든다.

이 경험은 단순히 탁구를 잘 칠 수 있는 것 이상으로 내게 많은 의미가 있다. 다른 일에도 얼마든지 도전할 수 있다는 희망을 갖게 해준 것이다. 지금이라도 원하는 것을 이루기 위해서는 포기하지 않고 계속 노력해야 한다는 사실을 일깨워 주었다.

이현주

이러한 경험을 통해 다른 것들도 시도해 볼 용기도 얻었다. 어떤 일이든 도전할 수 있고, 꾸준한 노력과 열정으로 원하는 바를 언제든 성취할 수 있다는 것도 알게 되었다.

반복하는 습관이 내일의 나를 만든다

책을 많이 쓰기로 유명한 지식생태학자 유영만 교수는 부자 1원칙으로 성공하고 싶다면 '몸'에 투자해야 한다며 '리추얼-의도적으로 반복하는 습관', 즉 나에게 집중하는 시간이자 습관을 만드는 행위를 해야 한다고 강조한다. 그것을 쉽게 실행하게 만드는 3S를 소개하자면 Small, Start, Stimulus(작게, 시작하라, 자극을 주라)이다. 성공한 사람들이 꾸준하게 운동하는 이유도 리츄얼를 가지고 있기 때문이라 한다.

나는 그런 점에서 리츄얼의 행운아다. 중학교 때 배운 피겨스케이트, 대학 때 수많은 산에 올랐던 등산, 20년간의 골프, 3년간의 요가, 만난 지 1년 된 탁구 등 지금까지의 인생에서 순서대로 만난 운동들이 지쳐가는 나에게 알게 모르게 힘이 되었고, 이제껏 활동적으로 일할 수 있는 삶의 원동력이 되었다. 그러한 습관이 내 삶의 주인공으로 살아갈 수 있도록 단단한 뒷받침이 되어주었다는 사실도 알게 되었다. 습관처럼 꾸준히 뭔가를 한다면 늘 새로워진 나를 만날 수 있을 테니 이보다 더한 즐거움이 어디 있을까.

나이를 탓할 때가 아니다, 어제와 다른 나를 만난다는 사실은 마음과 몸을 젊게 하고 긍정적인 삶을 살게 할 것이다. 긍정의 에너지를 지닌 리츄얼(의도적으로 반복하는 습관)한 사람으로 서로 도와주고 베푸는 삶을 살고 싶다.

말의 힘을 믿어라

운동선수들에게 반드시 필요한 '어퍼메이션'(긍정적인 표현을 계속 반복하는 것)은 누구나 지녀야 할 덕목이라 본다. 긍정적인 마인드가 재산이라고 하는 나도 긍정적인 질문까지 장착하기엔 습관이 되어 있지 않다. 골프 칠 때 '해저드에 들어갈 것 같아'라고 생각하고 샷을 날리면 약속이나 한 듯 해저드에 볼이 박힌다. 긍정적인 질문을 통해 잘될 거라고 확신하면 자신감과 용기가 생긴다. 긍정적인 표현을 반복하고 긍정적인 가치관과 행동에 초점을 맞추면, 내게 도움이 될만한 것들에 대해 더 집중하게 되고 목표를 달성하는 데도 효과적이다.

중고등학교 때 직접 그림과 글로 만든 시화집 속의 내 모습 말풍선에 "작지만 너의 마음엔 무궁무진한 큰 마음이 들어 있는 것을 알아"라고 적었던 글이 아직도 기억에 남아 있다. 종이에 써두면 이루어진다는 '간다 마사노리'의 주문 같은 이야기일 수도 있지만, 나는 '꿈은 이루어진다'는 말에 동의한다. 써놓지는 않았지만, 주문처럼 각인했던 이루고 싶은 것들, 또는 써놓고 잊어버린 것들조차 어느 날 이루어지는 것을 보았다. 특히 홍대 대학원에 다니던 가난한 학생일 때 위로가 되었던 한강을 보며 이왕이면 '한강이 보이는 집'에서 살고 싶다고 썼는데 그게 이루어지는 걸 보고 깜짝 놀랐다. 그걸 계기로 꿈을 꾸면 분명 이루어진다는 믿음을 갖고, 작고 큰 꿈들을 꾸기 시작했다. 그것이 삶의 활력이 되었고, 긍정의 힘과 젊음의 에너지로 꿈을 향해 정진했다. 이제 와서 생각해 보니 이왕이면 더 큰 꿈을 가졌으면 좋았겠다는 아쉬움이 있다. 왜냐하면 클수록 생각지도 않은 더 큰 가능성이 열려있기 때문이다.

지금도 늘 꿈을 꾸려고 노력한다. 꿈의 글자에는 금도 들어 있다고 강의했던 적도 있다. 하지만 꿈도 긍정적인 마인드가 있어야 꿀 수 있다는 것을 한참 뒤에 깨닫게 되었다. 지난 몇 년간 아무리 꿈꾸어 보려 해도 꿈꿀 수 없는 시기도 있었다. 지금은 많이 회복되는 중이다. 긍정의 아이콘 '오뚜기'라는 별명까지 있는 나였지만, 한참을 긍정적이지 못하고 꿈 없이 보냈다. 우리 집 교훈을 '긍정적인 마인드가 재산이다'라고 지어놓고도 말이다. 감정적인 컨트롤을 하던 중 마음에 아픔을 줄만한 것들이 몰려오기 시작하면 '셔터'라 칭하는 차단막을 친다. 그러면 흑감정이 차단되어 마음을 어둡게 하지 않는다는 것을 알게 된 후로는 필요할 때마다 그 '셔터'를 치고 긍정의 파동을 찾으려 노력한다.

감정적으로 좋지 않은 사건이 일어날 때, 그것을 차단하는 방법을 쓰면 그로 인해 감정을 제어할 수 있게 되고, 제대로 된 결정을 내릴 수 있는 객관적 사고를 할 수 있다고 한다. 자신의 감정을 잘 관리하고 제어할 수 있기에 다른 사람에게 감정을 보여주거나 다른 사람들의 감정에 반응하는 것을 제대로 할 수 있게 되어 사회적 관계를 유지하기가 쉬워지고, 이상적인 관계를 만들 수 있다고 한다.

후세까지 전할 수 있는 브랜드를 꿈꾸어라

2002년에 설립하여 광고 홍보회사로서 국내외 유수의 기업 브랜드를 키우는 일에만 급급하여 정작 본인 회사의 미래(브랜드)를 생각하지 못했다. 늦게나마 '브랜드' 만들기에 도전하면서 후배들에게 꼭 전하고 싶은 것이 있다면, 후세까지 전할 수 있는 '브랜드'를 만드는 것을 미래의 꿈으로 추천한다.

만약에 젊은 시절로 돌아간다면, 처음부터 브랜드를 키우는 데 전략을 세워 시작했을 것이다. 동물은 가죽을 남기고 사람은 이름을 남긴다 했는데, 회사는 '브랜드'를 남긴다.

브랜드는 천문학적인 자산을 남기고, 역사에 남는다. 평생 걸어온 길이 브랜드로 남는다는 건 그만큼 가치를 지니기 때문에 젊은 시절의 꿈으로 채택하기에 충분하다. 특히 여성 CEO라면 더욱더 자신만의 '브랜드'를 만들고 성장시키기를 바란다.

브랜드 매각의 예를 들자면, 스타일난다(6천억), 쥬비스(2천5백억), 코즈니(2백억) 등 수없이 많다. 브랜드는 꺼져가는 불씨가 되어도 새롭게 환생하여 다시 명품 브랜드가 되는 경우도 많다.

회사 경영의 목표를 대대손손 물려줄 수 있는 '브랜드'를 만들겠다고 생각한다면 시작부터 다를 것이다. 일하는 동안의 모든 고생과 위기도 꿈을 향한 행진이 될 것이고 보람, 그 이상의 가치로 보답해 줄 것이다.

'명품 브랜드'의 선두주자, 멋쟁이 후배가 나타나기를 바라면서, 긍정의 비법인 '성공을 위한 마인드 컨트롤 중요 습관 5가지'를 공유한다.

1. **매 순간 '몰입'의 강도를 높이자.**

   가정이나 회사, 어디서든 항상 최선을 다하는 습관이 성공의 지름길이다. 부정적인 생각을 버리고 긍정적인 마음으로 '어차피 살 것이면 제대로 살자'라는 마인드로 매 순간 몰입하면 어디서든 존경받는 사람이 되고, 어느새 만족한 삶이 된다.

2. **몸의 건강이 '성공의 시작'이다.**

   체력이 떨어지면 부정적으로 된다. 불안한 미래를 떨치려면 충분한 휴식과 잠을 통해 건강을 챙겨야 한다. 요가는 적극 추천하는 운동이다. 호흡을 통해 근육과 정신을 가다듬는 좋은 방법이다. 건강하게 음식을 취하는 것도 매우 중요하다. 무엇이 나의 몸속으로 들어가는지 관심을 갖는 습관을 통해 늘 건강함을 유지하자.

3. **부정적인 나쁜 기운이 머물지 않게 한다.**

   성공한 이들의 좋은 점을 발견하는 방법은 그들이 쓴 책을 읽는 것이다. 책을 통해 자신의 잘못된 부분을 반성하고 성장의 기회로 삼을 수 있다. 1책 2문장만이라도 나의 것으로 만들고, 삶에 적용한다.

4. **주변에 좋은 기운의 멘토를 많이 두어야 한다.**

평소에 어떤 이야기를 많이 듣고 살았느냐에 따라 위기의 순간에 그 말들이 중요한 판단의 기준이 된다. 가족과 주변인들에게도 늘 긍정적인 이야기를 반복할 필요가 있다. 그들에게 용기를 줄 것이기 때문이다. 나의 경우 사회생활 하면서 겪는 모든 일에 "그쯤이야~" 하고 넘어가야 한다는 어머니의 말씀 덕분에 뒤로 물러서는 법이 없이 늘 해결점을 찾는 습관을 갖게 되었다.

5. 자기 확신을 갖고, 자신을 믿어야 한다.

주변에 본인을 지지하고 응원하는 이들을 두어야 한다. 부정적인 사람은 서서히 멀어져도 된다. 30대의 삶이 40대를 결정하고, 40대의 인생으로 50대가 형성된다. 어제가 오늘의 '나'이기에 어떤 일을 하든 의미 있는 시간이고 행동인 것이다. 세상에 쓸데없는 '경험'은 없다. 그 경험이 미래의 나에게 복이 될 것이라는 확신으로 긍정의 마인드를 갖도록 하자.

나의 꿈 나의 소명

이인숙

경북대학교 사범대학 지구과학교육학과 86학번

현
(사)미래학교자치연구소 소장, KNU22세기미래포럼 회장
경기도교육청평화교육원 교육운영부장

전
대구광역시교육청&경기도교육청 교사 22년
경기도교육청 장학사(교육연구사) 5년
경기도교육청&대통령직속국가교육회의 장학관 3년
대통령직속국가교육회의 지역특별위원회 전문위원
전국시도교육감협의회 정책위원
경희대학교 겸임교수, 전주교대 교육대학원 강사

수상
교육부장관상 과학교육기술부장관상 등 다수

미래학교자치연구소 홈페이지 https://futureschool.or.kr/
네이버 밴드 https://band.us/n/afa281j5z0zcp

islisl702@gmail.com

도 오시지 못하셨다. 내 나이 11살 때 어머니께서 돌아가셔서 아버지 홀로 농사짓고, 집안일을 다하셨기 때문이다. 아버지께서는 처음으로 딸의 진학 상담을 위해서 학교를 방문하셨다. 담임선생님은 아버지에게 말씀하셨다.

"아버님, 인숙이 고등학교까지는 보내실 거죠?"

"네, 그렇습니다."

"인숙이는 교사가 꿈입니다. 그러려면 인문계고를 진학해야 합니다. 그런데 인숙이는 집안 경제에 도움이 되고자 제일여상을 희망했습니다. 그런데 여상을 다니면 주산, 부기 등 자격증을 따러 학원을 다녀야 해서 등록금 외에도 돈이 더 들어갑니다. 인숙이는 고등학교만 보내주면 교사가 되는 것이 꿈이라 경북대학교 사범대학에 진학하면 됩니다. 국립대 사범대는 국가에서 수업료를 대주기 때문에 돈이 별로 들지 않습니다. 그리고 사범대학에 진학해서도 인숙이는 분명히 장학금을 받으면서 다닐 겁니다."

담임선생님의 진심 어린 설득에 아버지는 내가 인문계고로 진학하도록 허락하셨다. 인문계고 진학을 허락한다는 것은 아버지가 집안일을 혼자서 다 감당하신다는 것을 의미했다. 아버지는 정말로 큰 결심을 하신 것이었다. 당시 아버지가 농사일을 하러 나가시면 4형제 중 딸이 나 하나였기에 집안일 대부분을 내가 했기 때문이다. 나는 흔히 말하는 살림 밑천인 딸이었다. 나를 정말로 자랑스러워했던 아버지는 기꺼이 희생을 선택하셨다. 내가 살던 마을은 30여 호 내외의 작은 농촌이었다. 1980년대 당시 대부분의 집에서는 딸은 거의 대학을 보내지 않았다. 그러한 분위기의 마을에서 게다가 엄마도 안 계셔서 홀로 집안 살림살이를 다 감당해야 하는 마당에 아버지는 그런 부담을 감수하면서까지 나를 대구로 유학을 보내주신 것이었다. 지금도 담임선생님과 나, 아버지 셋이서 교실에 마주앉아 상담하던 그 모습이 영화의 한 장면처럼 선명하게 내 인생의 중요한 기억으로 남아 있다. 나를 위해 헌신하신 아버지, 어린 소녀의 꿈을 키워 주기 위해 아버지를 어떻게 설득하면 되는지를 알고 계셨던 담임선생님이 계셨기에 나는 교사의 꿈을 이룰 수 있었다.

드디어 선생님이 되다!

1990년 3월 드디어 대구에 있는 한 중학교에 발령을 받아 꿈에도 그리던 교사가 되었다. 국어교사가 꿈이었지만, 고등학교 때 진로 선택을 제대로 못 하는 바람에 경북대학교 사범대학 지구과학교육학과로 진학해서 과학교사가 되었다. 그때 첫 발령을 받은 선생님들과 매주 책을 읽고 토론하면서 교사로서의 철학을 다지고, 학습한 것을 만나는 학생들에게 실천했다. 정말로 좋은 선생님이 되고자 모든 열정을 쏟아부었다. 교사로 산다는 것은 한 아이의 미래를 바꿀 수도 있다는 것을 중학교 3학년 때 담임선생님으로부터 배웠기 때문이다.

아침에 교실에 들어가면 한 명, 한 명의 아이들과 눈을 맞추고, 나처럼 가정형편이 어려운 아이들을 더 많이 보살폈다. 방과 후에는 학습모임에서 배운 집단상담의 기법들을 적용하면서 서로의 삶을 나누었다. 아이들이 자신들의 이야기를 담아 매년 학급문집을 발간하도록 도왔다. 수학, 과학을 정말로 어려워했던 나는 과학을 어려워하는 아이들의 심정을 오롯이 이해할 수 있었다. 그래서 어떻게 하면 더 쉽고 재미있게 과학을 가르칠 수 있을지 고민하면서 수업 준비에 혼신의 힘을 쏟았다. 그 덕분에 아이들은 나의 과학 수업을 참 좋아했다. 나에게는 수업 시간에 아이들이 즐겁게 배우는 모습이 최고의 즐거움이자 기쁨이었다. 교사에게 최고의 선물은 아이들의 행복한 성장이다.

아이들이 많이 아프다

어느덧 올해로 교직 34년 차에 접어든다. 지나온 교직 생활을 되돌아보니 매 순간 내가 만나는 아이들의 교육을 위해 참으로 치열하고 헌신적으로 살았다. 한순간도 교사가 된 것을 후회한 적이 없다. 그런데 내가 사랑하는 그 아이들이 지금 많이 아프고 힘들다. 이 아이들이 덜 아프고, 덜 힘들었으면 좋겠다는 바람이 간절하다.

2022년 12월 27일 통계청이 발표한 『아동·청소년 삶의 질 2022』 지표보고서에 따르면, 2021년 아동·청소년 사망원인 1위인 자살률은 10만 명 당 2.7명으로 2000년 이후 최고수치이다. 12~14세 자살률은 2016년 1.1명에서 2021년 5명으로 크게 증가했다. 만 15세 청소년의 삶의 만족도는 67%로 OECD 국가 중 최하위권인 영국, 일본, 터키에 이어 끝에서 네 번째다. 청소년 5명 중 1명은 영양 결핍 상태이다, 75.5%의 청소년은 사교육에 참여하고 있고, 학교생활 만족도도 꼴찌다. 2023년 2월 26일 사회복지연구에 게재된 『청년층의 삶의 질과 사회의 질에 대한 인식이 결혼과 출산에 대한 태도에 미치는 영향』에서 20~30대 미혼 여성 중 불과 4%만이 결혼과 출산이 '필수'라고 응답한 내용의 연구 결과가 실렸다. 이러한 인식은 세계 최저 출산율로 반영되어 심각한 사회문제가 되고 있다. 2023년 2월 22일 통계청이 발표한 『2022년 출생·사망통계 잠정 결과』와 『2022년 12월 인구동향』에 의하면 합계 출산율이 0.7명대로 10년째 OECD 회원국 중 꼴찌이자 평균의 절반에도 못 미치는 수준이다. 합계 출산율이 1명 미만인 나라는 2020년 기준 전 세계에서 우리나라뿐이다. 일과 육아를 병행하기 어려운 사회 환경, 사교육비 부담 등은 아이 낳기를 꺼리게 하는 대표적인 이유로 꼽힌다. 학령인구(6세~21세) 또한 2020년 789만에서 점차 감소하여 2040년에는 447만 명으로 예측하고 있다. 우리 시대의 슬픈 자화상이다.

나는 무엇을 해야 할까?

내가 그토록 간절히 원했던 교사가 되었고, 교사로서 내가 만나는 아이들에게 최선을 다해 가르치고 사랑하고 보살폈다. 그 아이들이 어른이 되어서도 자신의 꿈을 마음껏 펼치며 훨훨 날 수 있기를 간절히 염원했다. 그러나 지금 많은 아이가 자살로 생을 마감하고, 미래가 불확실하다며 결혼을 유예하고, 모든 생명체가 가진 종족 보존의 본능마저 외면하면서 아이를 낳지 않으려고 한다. 30여 년간 교육의 영역에 몸담고 있으면서 내 삶의 중심축이었던 그 아이들이 제대로 날아보지도 못한 채 날개가 꺾이고 꿈을 접는 것 같아 정말로 마음이 아프다.

그러다 보니 최근 나의 핵심 화두는 '미래세대인 우리 아이들이 지금보다 더 나은 세상에서 행복하게 살아갈 수 있도록 하려면 나는 무엇을 해야 할까?'이다. 교육계에서는 수년 전부터 미래교육에 대한 담론이 뜨겁다. 미래교육이 무엇인지에 대한 이해 또한 매우 다양하나 내가 생각하는 미래교육은 '교육의 본질을 회복하는 것'이다. 교육(Education)의 어원을 살펴보면, E는 '밖으로', duce+ate는 '이끌다' 즉 '밖으로 이끌다'라는 의미를 지니고 있다. 즉, 인간 안에 잠재된 자질과 재능을 밖으로 이끌어 한 명, 한 명이 훨훨 날 수 있도록 돕는 것이다. 더불어 나를 이해하며 나다움을 찾고 내가 속한 공동체와 사회에 선한 영향력을 퍼뜨리는 사람으로 살아갈 수 있도록 하는 것이다. 교사와 부모, 학교, 가정, 사회는 이것이 가능하도록 적절한 환경을 제공하고, 필요하면 에듀테크도 활용할 수 있어야 한다.

그러나 지금의 학교체제는 어떠한가? 학교가 교육부-교육청-학교로 이어지는 관료제의 제일 말단에 위치하고 있다 보니 중앙집권적인 시스템으로 작동하고 있어 구조적으로 변화에 유연하게 대응하기가 어렵다. 학교를 운영하는 데 있어 주요 자원이라고 할 수 있는 교육 과정, 교원 인사, 교육 재정의 작동 구조를 보면 알 수 있다.

따라서 현재 학교 시스템으로는 학생 개개인의 재능을 살리며 학생 저마다의 발달 수준에 맞추어 교육하기가 매우 어려운 구조이다. 기승전결 수능으로 귀결되는 대학 진학 시스템이 교육의 본질에 집중하기 어렵게 한다,

학생 교육에 있어 핵심 변인이라 할 수 있는 교사가 입직 후 제공받는 재교육 시스템도 미흡하기 때문에 교사 스스로 변화를 만들어 내기에는 역부족인 실정이다. 이러한 문제들을 인식하게 되면서 교직이 끝나더라도 내가 지켜가야 할 나의 소명은 무엇일까? 나는 어디서부터 무엇을 어떻게 다시 시작해야 할까? 수없이 질문했다. 우리는 생각한 대로 어떤 일이 잘되지 않을 때 흔히 남 탓을 한다. 그러나 남 탓을 해서 변화가 일어날 수 있을까? 결국 변화는 나로부터 시작한다고 생각하고, 내가 가장 잘하고, 할 수 있는 작은 일부터 시작하기로 마음 먹었다.

교직을 처음으로 시작한 학교에서 만났던 좋은 선배와 동료들 덕분에 교사로서 정말 좋은 습관을 갖게 되었다. 어딜 가든 교사학습공동체를 만드는 것이었다. 아무것도 모르던 초임 시절 교사학습공동체를 통해 나의 교육철학적 도대가 만들어지고, 내가 더 깊어지고 성장하는 경험을 했기 때문에 어찌보면 그것은 너무나 당연한 일이었는지도 모른다.

미래학교자치연구소에서 선생님들과 영원한 선생님을 꿈꾸다!

2019년 60여 명의 동료들에게 현재의 교육체제를 뛰어넘을 수 있는 미래교육이 무엇인지 함께 학습하자고 제안했다. 40여 명이 이 취지에 동의했다. 미래교육을 실천하기 위한 교사학습공동체가 첫 걸음을 내딛는 순간이었다. 미래교육 관련 전문가 강의도 듣고, 책도 읽고, 연구보고서도 발제하며 토론하고, 미래교육을 실천하고 있는 학교도 탐방하며 1년간 지속적으로 만나면서 학습했다.

2020년 코로나가 시작되었지만 줌 화상회의로 이스라엘 민주학교 설립자인 야콥헥트를 초청하여 월 1회 8차에 걸친 국제워크숍을 열어 해외 교육의 사례를 배웠다. 이미 이스라엘에서는 30년 전부터 내가 생각하는 미래교육을 실천하고 있었다. 이 워크숍에 전국에 있는 교사, 학부모, 시민들이 참여했다. 경기도에서 교사들이 주축이 되어 학습공동체를 시작했지만, 전국적으로 다양한 사람들이 참여하면서 사단법인 미래학교자치연구소로 발전하게 되었다. 40여 명으로 시작한 학습공동체가 2023년 현재 약 3천여 명이 함께하며 다양한 학습과 실천에 참여하고 있다. 담쟁이 한 잎이 벽을 타고 올라가 벽 전체를 덮듯이 전국 50만 교원의 20%인 10만의 교원이 함께 우리 아이들을 위해 무엇을 실천할 것인지를 목표로 학습한다면, 나아가 부모와 시민이 함께한다면 우리의 교육을 미래지향적으로 바꾸어 갈 수 있지 않을까 하는 꿈을 꾸고 있다.

미래학교자치연구소가 갖는 의미는 미래세대인 우리 아이들이 마음껏 꿈을 펼치며 자신의 행복 추구뿐만 아니라 자신이 속한 사회, 자연과 더불어 모든 생명체가 공존할 수 있도록 나는 무엇을 실천할 것인지 학습하고 연대한다는 것이다. 복잡하고 불확실하고 변화가 상수인 이 시대에 혼자서 이 일을 하는 것은 불가능하기 때문이다.

우리는 과거 교육체제에서 교육을 받은 사람들이다. 지속적으로 학습하면서 변화하지 않는다면 우리 아이들을 우리의 과거에 가두는 것이나 마찬가지다. 그런데 학습을 꾸준히 하는 것도 힘들고, 더구나 학습한 것을 실천하는 것은 더더욱 힘들다. 그래서 함께해야 한다. 오죽하면 장자는 '오상아(吾喪我)' 즉, 진짜 본래의 나를 찾기 위해서는 만들어진 과거의 나를 장례지내야 한다고 했을까? 우리의 과거 인식에 아이들을 가두지 않으려면 교사와 부모는 평생 공부하는 사람이어야 한다. 지금의 내 모습이 우리 아이들의 미래이기 때문이다. 교사가 대학 때 배운 것으로만 아이들을 가르치려 한다면 그것은 아이들을 과거에 가두는 일이 될 것이다. 변화의 속도가 점점 더 빨라지기 때문에 배움은 멈출 수가 없다. 내가 멈추면 우리 아이들도 멈춘다고 생각했기 때문에 나를 새롭게 하고자 배우고 익히는 일을 게을리하지 않았다.

학생 교육에 영향을 미치는 요인은 다양하겠지만, 그중에서도 가장 중요한 요인은 학생들을 직접 만나는 교사이고, 자녀 양육에 있어서는 부모일 것이다. 따라서 교육 정책의 중심에 교사와 부모가 있지 않으면 그 피해는 고스란히 미래세대인 우리 아이들에게 돌아가게 된다. 그런데 불행하게도 내 교직 33년간의 경험상 그런 적이 별로 없었다. 그렇다면 나를 스스로 중심에 세우고 나부터 실천하고, 혼자가 아니라 함께하면 된다. 미래학교자치연구소에서 교사 학부모와 지속적으로 학습하고 실천하는 것을 나의 소명으로 삼고 이 일을 지금도 하고 있는 이유이다. 교사가 되고자 간절히 원했던 초심을 잃지 않고, 내 건강이 허락하는 한 이 일을 계속할 것이다.

“ 정말로 좋은 선생님이 되고자 모든 열정을 쏟아부었다. 교사로 산다는 것은 한 아이의 미래를 바꿀 수도 있다는 것을 중학교 3학년 때 담임 선생님으로부터 배웠기 때문이다. ”

김주원 vs 챗GPT

김주원

경북대학교 법과대학 사법학과 89학번
연세대학교 법무대학원 금융법 석사

현
NH농협은행 부장
외교부 청렴시민감사관/ 인사혁신처 청렴옴부즈만
청렴연수원 등록 청렴교육 전문강사
금융감독원 인증 금융교육 전문강사
농협은행 RMC강사 3급
금융연수원 금융소비자보호 상담역

전
농협중앙회 대외협력국장/ 김천드림밸리 지점장
농협금융지주 준법지원팀장/ 법제처 국민법제관

수상
청렴강의 경연대회 최우수상/ 최우수 국민법제관
농정발전유공 표창 3회/ 공정거래자율준수 유공 표창(공정거래위원회 위원장)
금융산업발전 유공(금융위원원장)

블로그 https://blog.naver.com/k974004

jwkim4004@gmail.com

위기를 기회로 바꿔준 글쓰기의 힘

평소 글쓰기에 관심이 많았던 나를 컴퓨터 앞에 앉게 한 것은 우연히 본 신문 칼럼이었다. 시중은행 신입사원이 취업 과정과 앞으로의 포부를 진솔하게 쓴 글에 동종업계 종사자로서 공감이 갔다. 유려한 문장은 아니었지만, 경험을 토대로 쓴 글이었기에 힘이 있었다. 멋있다는 부러움과 펜을 잡고 싶다는 용기가 생겼다. 마침 다니던 직장에서 한직으로 발령나 의욕이 상실된 시기이기도 했다. 분위기 쇄신에 필요한 돌파구를 찾고 있던 중 글쓰기는 아주 매력적인 수단이었다.

틈틈이 업무와 관련된 글을 쓰고 무작정 신문사로 보냈다. 생각만큼 활자화는 쉽지 않았다. 몇 번의 고배를 마신 끝에 회사 인근에 위치한 신문사에서 원고를 보내달라는 요청이 왔다. 막상 어설픈 글이 신문에 공개된다니 설렘과 부끄러움이 교차했다. 어쨌든 그렇게 글쓰기는 시작되었고, 직장생활에 적지 않은 변화가 생겼다. 주로 담당업무와 관련된 글을 썼던 터라 어느 순간 그룹 내에서 컴플라이언스 전문가로 알려지기 시작했다.

좋은 글을 쓰기 위해 업무와 관련된 책을 읽고 공부를 하면서 자연스럽게 전문성도 키웠다. 무심코 흘려보냈던 업무 관련 자료와 경험들을 하나씩 모으고 스크랩을 하는 취미도 생겼다. 세상 어디에도 없는 나만의 좋은 글감들이었다. 글쓰기를 통해 '아는 것과 모르는 것'을 정확히 구분할 수 있게 되었다. 왜냐하면 모르는 것에 대해서는 절대로 글을 쓸 수 없기 때문이다. 사회현상을 자세히 살펴보는 습관도 생겼다. 몇 번 뵌 적도 없었던 그룹 CEO가 "김 팀장, 요즘 글 잘 보고 있어, 꾸준히 써봐"라고 격려해 주실 때는 글쓰기의 힘을 느꼈다. 글쓰기를 통한 직장 홍보와 이미지 제고에 대한 성과를 인정받아 그룹 경영진이 모두 모인 자리에서 사업 추진 우수직원 표창을 받기도 했다. 직장생활 20년 차에 우연히 시작한 글쓰기를 통해 매너리즘을 극복하였다. 꺼져가던 열정을 되살려 주었고, 위기를 기회로 바꾸는 전환점이 되었다.

새로운 기회를 가져다준 강사 활동

컴플라이언스와 관련된 글들을 꾸준히 쓴 덕분에 2017년 5월 윤리경영 관련 포럼에서 강의 요청이 들어왔다. 가끔씩 회사에서 직원들 대상 직무교육을 진행한 경험은 있었으나 기업체 CEO를 대상으로 한 외부강의는 처음이었기에 걱정이 앞섰다. 며칠을 고민한 끝에 수락하고 밤을 새워가며 준비했다. 다른 사람의 경험이나 교과서에 나오는 내용이 아닌 나만의 경험과 사례를 솔직하게 소개하는 방식으로 진행했다. 소공동 롯데호텔에서 생에 첫 번째 외부강의를 마쳤다. 5월임에도 불구하고 셔츠가 땀에 흠뻑 젖을 만큼 긴장되었지만, 또 하나의 도전에 성공했다는 희열을 느낄 수 있었다. 그날 강의를 계기로 자연스럽게 다양한 분야의 전문가들과 교류하고 소통할 수 있는 기회가 주어졌다.

글쓰기를 통해 시작된 강의 활동은 2017년 청렴교육 전문강사 자격을 취득한 후 또 하나의 캐릭터로 확실히 자리를 잡았다. 강사로서의 전문성을 갖추기 위해 국민권익위원회 청렴연수원에서 개설한 청렴강사 전문과정을 이수했다. 반부패법령 전반에 대한 이론과 강의기법 교육을 통해 청렴강사의 기초를 튼튼히 다질 수 있는 기회가 되었다. 그해 가을 국민권익위원회 청렴연수원에서 주관한 청렴강의 경연대회에 참가한 것은 강사 활동의 전환점이 되었다. 비공직자 부문에서 최우수상을 수상하면서 청렴교육 분야에서 나름대로 인지도 있는 강사로 자리매김할 수 있었고, 청렴연수원 출강 기회도 얻었다. 그 후 가끔씩 공직자들 대상으로 청렴교육을 진행하게 되었고, 외교부 청렴시민감사관으로 위촉되는 영광도 가져다주었다.

잊지 못할 몇 번의 강의 장면도 있다. 첫 번째는 모교인 경북대학교 교직원 대상 교육이다. 경북대가 2018년 국민권익위원회가 실시한 국공립대학 청렴도평가에서 최하위인 5등급을 받은 것에 대한 경각심 차원에서 강의 제목을 '경북대, 청렴날개로 다시 날자'라고 정했다. 강의 중에 조금은 직설적으로 경북대학교가 직면한 문제점들을 지적했다. 애정 가득한 모교였기 때문에 가능한 일이었다. 강의를 마치고 돌아가는 길에 교직원 몇 명이 문자를 보내왔다. "모교에 대한 강사님의 애정을 느낄 수 있는 명강의였습니다"라는 내용이었다. 모교에서 강의를 하게 될 줄은 상상도 못 했는데 현실이 되었다.

두 번째 장면은 고향인 의성군청 공무원 대상 교육이었다. 경험해본 사람은 알겠지만, 지인들 앞에서 강의하는 것이 가장 어렵다. 강의장에 들어서는 순간 고향 선배, 친구들이 알은체를 한다. 난감하기 짝이 없다. 어찌 되었든 강의를 무사히 마치고 강사료를 의성군에 기부하겠다는 인사말로 마무리했다. 큰 박수를 받으며 금의환향의 기분을 만끽했다. 얼마 후 고향 면사무소에서 기부금으로 불우이웃들에게 드릴 설 선물을 준비했다는 소식과 몇 장의 사진을 보내왔다. 강의 활동을 통해 고향 발전에 조금이나마 도움을 드릴 수 있는 소중한 경험을 했다. 그 후로 틈틈이 강사료를 기부하며 사회공헌 활동에 참여하고 있다. 강의하고 기부도 하니 그야말로 일석이조다.

나만의 책 쓰기에 도전

강의 활동 시작 후 다양한 공간에서 새로운 사람들을 만날 수 있는 기회를 갖게 된 것은 정말 행운이다. 헌법기관인 헌법재판소 대강당, 부산 앞바다에 정박 중이던 이지스함(서애 류성함), 국방부, 외교부 강당에서 마이크를 잡아볼 수 있었던 것도 강의 덕분이었다. 장관급인 국가인권위원회 위원장님을 비롯한 수많은 기관장님들과 차담을 나누고 교육생으로 모실 수 있었던 것도 강의 활동이 있었기에 가능한 일이있다. 김천에시 지점장으로 근무할 때는 지역신문에 금융 관련 고정칼럼을 쓰기도 했다. 가끔씩 주민센터와 경로당 등에서 보이스피싱 예방교육 등 금융교육을 하며 봉사활동도 했다. 지역사회에서 금세 명강사 지점장으로 소문이 났다. 글쓰기로 지역주민들과 소통하고 소소한 금융정보를 제공해 드리니 뜻하지 않게 영업실적까지 좋아지는 경험을 했다.

글쓰기 연습의 최종 목표는 '책 쓰기'다. 몇 년 전부터 직장생활의 경험과 지식을 토대로 책을 쓰기 위해 관련 자료들을 꾸준히 모으고 있다. 책 제목은 '의사봉을 버려라'로 이미 정해 놓았다. 어쩌면 책 쓰기 도전 목표가 생각보다 빨리 이루어질 수 있을 것 같다. 경북대 동문들의 경험과 생각들을 모아 출간 예정인 '책 쓰기 프로젝트'에 참여할 수 있는 기회를 얻었기 때문이다. 버킷 리스트에 있던 책 쓰기 도전을 기라성 같은 선배님들과 함께할 수 있다는 것만으로도 엄청난 행운이다. 부족한 글로 선배님들께 누가 되면 어쩌나 하는 걱정도 있지만, 도전하는 마음으로 참여했다. 이 글을 쓰는 지금이나 2016년 처음 시작할 때나 늘 글쓰기는 어렵고 힘든 과정이다. 그래도 계속 쓰는 것은 아주 조금씩 나아지고 있다는 생각과 글쓰기가 가져다주는 매력 때문이다. 우연히 본 신문칼럼을 보고 시작한 글쓰기 도전을 통해 '강사'라는 부캐까지 얻게 되었으니 '글쓰기의 나비효과'라고 불러도 좋지 않을까 싶다.

챗GPT가 각종 보고서, 논문에 활용되는 것은 물론이고 심지어는 수필집의 저자가 되는 날이 올 수도 있을 것 같다. 앞으로 챗GPT가 가져올 변화를 가늠하기는 힘들다. 나 역시 챗GPT가 가져다주는 편리함의 유혹에 흔들릴지도 모를 일이다. 그러나 직접 쓰기를 멈추지 않을 것이다. 돌이켜보면 직장생활에서 경험한 보잘것없는 성과들 역시 부끄러움을 무릅쓰고 직접 글을 썼기에 가능했던 일이었다. 챗GPT와의 글쓰기 경쟁에서 지지않을 자신도 있다. 왜냐면, 챗GPT는 경북대 89학번 김주원의 경험과 추억을 대신할 수는 없기 때문이다.

“ 글쓰기를 통해 ‘아는 것과 모르는 것’을 정확히 구분할 수 있게 되었다. 왜냐하면 모르는 것에 대해서는 절대로 글을 쓸 수 없기 때문이다 ”

청년의 삶과 꿈

김요한

경북대학교 무역학과 91학번
경북대학교 경제학 박사

현
지역과인재 대표
세대공감 강사/ 솔루션 디자이너
백인포럼 상임대표/ '책으로 마음잇기' 상임대표

전
대구광역시 청년정책과장
대구테크노파크 정책기획단 수석연구원
'포럼 창조도시를 만드는 사람들' 사무국장
WEsdom인생학교 초대 대표

수상
지식경제부장관상(지역 및 국가산업발전에 기여)
환경부장관상(물관리분야 정책지원을 통한 국가사회발전에 기여)
대통령 표창(청년권익증진, 대구광역시 기관 표창)

저서
《청년의 내일을 여는 해방일지》, 《코로나19 대구 시민의 기록, 그때에도 희망을 가졌네》

kyhseed@gmail.com

김요한

선배세대와 다음세대가 책을 통해서 만나면 더 좋을 것이다.

청년들이 길을 찾고, 길을 만들어 갈 때

응원할 수 있는 선배들을 기다린다.

청년의 삶과 꿈

대구시 청년정책과장으로서 개방형 직위 5년간의 임기를 마치고 작년에 퇴임했다. 예전보다 서재에서 보내는 시간이 많아졌다. 이전에는 눈에 들어오지 않았던 케케묵은 잡동사니와 빛바랜 책이며 서류들이 서재를 점령하고 있음을 발견했다. 너무 오랫동안 자리를 차지했던 것들과 결별을 단행했다. 정리와 비움은 새로운 발견과 채움을 위한 여유를 선물해 준다.

청년의 죽비

서재를 정리하고 나니 새삼 눈에 들어온 물건 하나가 있다. 죽비(竹篦)였다. 승려가 손으로 쳐서 소리를 내거나 직접 수도승의 어깨를 때려서 정신을 차리도록 하는 두 개의 대쪽을 맞추어 만든 불구(佛具)이다. "이게 언제부터 여기 있었지? 내가 사지는 않았던 것 같은데,

누구에게 선물 받았었나?" 먼지를 닦으면서 기억을 소환한다. 매끄러운 죽비에 미소가 흐른다.

금방이라도 "형님! 안녕하세요?" 하고 웃으면서 내 앞에 달려올 것만 같은, 이제는 어엿한 초등학교 선생님인 세연이다. 처음 만났을 때 세연이는 대학생이었다. 호칭을 어떻게 불러야 할지 망설이는 여학생에게 편하게 '형'이라 부르라고 했다. 대학 시절에 활동한 동아리에서 남자에 대한 호칭은 '형', 여자에 대한 호칭은 '언니'라고 통칭해서 불렀던 기억이 났다. 입학, 시험, 졸업, 취업 등 사회적 통념의 시간표에 떠밀려 가는 20대 청년이면 누구나 마찬가지겠지만, 특히 세연이는 고민이 많고, 질문도 많았다.

세연이는 집에도 몇 번 온 터라 아내의 기억도 생생하다. 봄에는 작은 화분을 선물로 들고 오기도 했다. 꽃은 이후로 몇 년을 보았다. 그런데 어느 날은 죽비를 가지고 왔다. "형님 이야기를 들으면 마치 죽비를 맞은 것처럼 문득 깨닫게 되는 게 있어요" 하며 호호 웃었다. 생각지도 못한 죽비를 받아들고서 머쓱하며 나도 웃었다. 그날은 함께 식사도 했던 모양이다. 주방에서 말을 잇는다. "형님 이야기를 듣고 나면 마치 보약을 마신 것처럼 힘이 나요." 연이은 청년의 칭찬으로 어깨가 으쓱해질 순간이다. 바로 그때 죽비로 어깨를 내려치는 말을 들었다. "그런데 저는 형님이 저와 라면도 끓여 먹고 군것질도 함께하면 좋겠어요." 아! 그 순간 내가 늘 좋은 것을 가르치려고만 했구나. 선생님으로만 다가갔던 지난 시간을 입에는 쓰나 몸에는 좋은 보약으로 치켜세워 주었지만, 세연이에게는 설익은 밥이었으리라. 절망을 마주하는 사람에게는 그럴듯한 교훈보다 공감이 절실할 것이다. 나는 우산을 빌려주는 선배는 되었지만, 우산이 없을 때 함께 비를 맞고 걸어갈 수 있는 사람은 아니었다. 그날 '청년의 죽비'는 오히려 내게 '따끔한 가르침'이 되었다. 세월이 흐른 뒤 오늘 '청년의 죽비'는 잊을 수 없는 추억을 소환해 준다.

사람은 만남으로 자란다. 만남은 곧 기적이다

불혹을 앞둔 나이였다. (재)대구테크노파크에서 정책기획업무를 할 때 교수님들로부터 종종 강연 요청을 받아 지역대학에서 특강을 했었다. 그해 여름 주말로 기억된다.

'YLC(Young Leader's Club)'라는 대학생 단체에서 우연히 특강을 하게 되었다. 내가 몸담은 조직에 단장으로 파견 나와 계셨던 교수님의 불가피한 사정으로 대신 특강을 한 것이다. 그날따라 적극적인 학생들이었던지 특강을 마치고 학생들의 애프터(After) 모임 요청이 유달리 많았다. 예전만큼 선배 세대와 사회적 관계망이 많지 않았던 20대 청년들이었다. 선배의 첫사랑, 첫 직장, 《네비안》의 알이 깨지는 성장 이야기도 재미있었겠지만, 밥 사는 선배와의 만남 그 자체가 좋았을 것이다.

"선배님, 우리 한 달에 한 번씩이라도 계속 만나면 좋겠습니다!"

청년들은 이별을 아쉬워했다. 우연한 만남도 간절함은 필연으로 바꾸어 놓았다. 2011년 11월 열 명 남짓한 청년들과 도란도란 이야기하는 모임이 처음 열렸다. 어느새 단골 식당, 단골 카페도 생겼다. '우리는 508에서 사람책을 읽는다'라는 이름으로 시작된 도란도란 이야기하는 모임은 현재 'WEsdom인생학교'라는 비영리단체로 성장하여 12년째 이어지고 있다. 한 사람의 인생 이야기가 최고의 인생 수업이 되는 곳이다. 'WEsdom'은 'We(우리)'와 'Wisdom(지혜)'을 합쳐서 만든 표현이다. 공동체를 위한 유익과 인재를 의미한다. 'WEsdom'이라는 표현은 2011년 11월 글로벌 인재포럼에서 동국대 조벽 석좌교수가 공동체의 감각과 지혜를 갖춘 인재라는 의미로 처음 사용했다. 다음세대와 다음사회를 의식하면서 공동체와 인재라는 키워드로 모임명을 작명하던 중에 우연히 인터넷 검색을 통해서 반갑게 찾은 단어였다. 현재는 대학 동기인 오정학 대표가 후배들과 함께 단체를 운영하고 있다.

작년 101번째 인생 이야기의 주인공은 변호사로 사회에 첫발을 내디딘 청년이었다. 내 나이 서른아홉, 경북대 특강에서 만났던 새내기 대학생이 훌쩍 성장하여 돌아온 것이다. '사람은 만남으로 자란다. 만남은 곧 기적이다!' 모임의 구호가 바로 자신의 이야기라고 청년은 고백했다. 큰 행사가 있을 때면, 이제는 어엿한 직장인이 된 청년, 결혼하고 자립한 청년들이 후배들을 만나러 인생학교에 오고 있다. WEsdom인생학교를 다녀간 1천 명의 청년들만 성장한 것이 아니라, 청년들과 함께 만난 선배들, 나 자신도 변화되었다. 교학상장(教學相長)의 만남이었다.

어쩌다 공무원

대구시는 2015년 2월 16일 청년위원회를 구성했고, 당해 12월 30일 '청년 기본조례'가 제정되었다. 2016년 7월 20일 '대구시 청년센터'가 개소되면서 청년들의 활동 거점이 생겼고, 2017년 1월 1일 '청년정책 협업의 전초기지'로서 청년정책과가 신설되었다. 당시에 나는 (재)대구테크노파크 정책기획단에서 13년째 근무를 하고 있었다. 중소기업 지원정책, 미래산업육성을 위한 대형프로젝트 기획이 주요 업무였다. 지능형자동차부품시험장, 로봇산업클러스터, 국가물산업클러스터 조성 등을 기획했다. 2015년에는 '포럼 창조도시'를 출범하고, 사무국장을 겸직하였다. 전문가, 시민들이 함께 도시의 질적 변화를 위한 의제를 발굴하고 커뮤니티를 만드는 '소셜다이닝(social dining)' 프로그램도 열었다. 청년정책이 시행되기 이전이라 청년들의 참여가 쇄도했고, 청년들의 목소리와 행동이 도시의 사회관계망으로 연결되는 계기가 되었다. 이러한 배경으로 5월 16일 대구시 청년위원회 출범식에도 참석하고 대구시 청년센터 운영위원, 대구시 청년정책위원회 위원 등으로 활동하며 지역 청년정책에 대해 사문 역할을 시작하고 있있다.

대구시 청년정책과장은 2017년 1월 개방형 직위로 지정됐다. 청년정책 태동기에 청년들과 소통할 수 있는 민간 전문가를 찾고 있었다. 하지만, 두 번의 공모를 진행했으나 적임자를 찾지 못하고 지역 언론에서는 '세 번째 외부 임용 공모'라는 보도까지 나왔다. 자연스럽게 세 번째 공은 내 앞에까지 왔다.

"김 박사는 정책 만드는 일을 오랫동안 해 왔고, 청년들과도 자주 소통하니 적임자이지 않느냐? 자문만 할 것이 아니라 직접 일을 해 보는 것이…."

처음엔 가볍게 듣고 웃었지만, 주위의 권유가 계속 이어졌다. 내 앞에 온 공을 모른 채 그냥 놓을 수 없었다. 어느 날 문득 내 손에 들어온 공이 고무공이 아니라 유리공처럼 느껴졌다. 훗날 나 자신에게나 다음세대에게 부끄러운 인생이 되고 싶지 않았다. 최종 결심을 하고 원서를 냈다. 2017년 5월 15일 청년정책과장으로 첫 출근을 하였다. 청년들 표현대로 어쩌다? 공무원, 어공이 된 셈이다. (재)대구테크노파크에는 사표를 냈다. 천직으로 알고 늘 보람을 느끼며 일해 왔던 터라 직장 동료들은 모두 어안이 벙벙했고, 시청에서도 오랫동안 파견근무 나온 것으로 알고 있는 이들이 많았다. 정년이 보장된 공공기관을 그만두고, 최장 5년(3+2년) 계약직으로 임용되어 함께 달려왔던 청년정책과장이었기에 그만큼 청년들이 진정성을 믿어준 것 같다. 어쩌면 이 길은 선택이 아니라 운명이었으리라.

오 캡틴! 마이 캡틴!

경북대에 91학번으로 입학했다. 민주화 운동을 경험한 마지막 세대, 자유롭고 개성을 존중하는 대중문화의 꽃을 피운 X세대, IMF 외환위기의 직격탄을 맞은 세대, 지금도 '91학번'이라는 말만 들어도 가슴이 뭉클해진다. "자유로운 인간은 불안할 수밖에 없고, 사고

하는 인간은 불확실할 수밖에 없다." 유순하는 장편소설 《91학번》에서 당대의 대학생들을 불안과 불확실함으로 조명했다. 누구보다도 확신에 찬 대학생활을 했었지만, 나 자신도 불안한 시대의 한가운데에 있었음을 서른이 넘어서야 알았다. 91학번은 여전히 불안한 시대를 살고 있었지만, 누구보다도 확신에 차 있었다.

군복무를 마치고, 자유로운 청춘으로 돌아온 어느 날이었다. 《서른, 잔치는 끝났다》(1994). 대구시민의 약속장소 '제일서적'에서 우연히 마주한 최영미 시인의 첫 시집이었다. 80년대를 캠퍼스에서 보낸 60년대 출생의 시대적 자기 고백이자, 반성이며, 386세대의 '젊은 날의 초상'으로 보였다. 서른 살이 되기도 전에 91학번의 잔치도 그렇게 끝났다. 운동보다는 공부를, 운동가를 따르기보다는 휴머니스트를 더 좋아했다. 시대의 변화만큼이나 나의 캠퍼스 생활도 바뀌어 있었다. 그렇게 1990년대의 캠퍼스는 이른바 'X세대'로 점령되었다.

1995년 어느 날 학생회 선배가 묻는다. "너는 기성세대가 되면 어떻게 살래?" 학생회보다는 동아리에서 더 많은 시간을 보내고 있는 나를 발견한 운동기 선배의 불편했을 심기가 느껴졌다. 그때 나는 무심코 대답했다. "다음세대, 청년들을 위해서 살겠습니다. 최소한 두 명의 청년이라도 성장할 수 있도록 돕겠습니다." 무심코 한 말이었지만, 망설임 없이 그 말이 나온 것이 지금 돌이켜보면 나 자신도 멋쩍고 신기하다. 마흔이 되어서야 "말이 씨가 된다"라는 옛 선인들의 말이 떠올랐다.

"화장실에서 몰래 보는 경제칼럼이 너무 재미있습니다." 군복무 신병 시절 교수님께 쓴 편지 한 통은 군 전역 이후 '국제경제관계연구회'라는 학술동아리 창립으로 이어졌다. 지금도 만남을 이어가고 있는, 박사학위까지 지도해 주신 심승진 교수님이다. 교수님과의 만남은 재학 당시 '청년의 삶과 꿈'이란 교양강좌 개설로 이어졌다. 한 분야에서 일가를 이룬 분들을 초청해서 청년들에게 삶과 직업에 관해 이야기하는 특강 위주 수업으로 포스코(POSCO)의 기금으로 만들어졌다. 당시 조교 역할을 하면서, 학생들의 레포트를 정리하는 일이 많았다. 주제가 '청년의 삶과 꿈'이었다. 많은 학생의 레포트에서 '죽은 시인의 사회'라는 영화가 등장했다. 로빈 윌리엄스가 '존 키팅' 선생역으로 주연을 맡은 1990년에 개봉한 영화다. '지금을 살아라'는 의미의 '카르페 디엠'을 학생들의 가슴속에 불어넣고, 책상 위에 올라가서 끊임없이 다른 각도로 세상을 보라고 외치고, 자신만의 걸음으로 자기 길을 가도록 이끌었다. 학생들은 선생님을 "오 캡틴! 마이 캡틴!" 하며 진정으로 따른다. '청년의 삶과 꿈'을 수강한 학생들은 모두 내 인생의 '캡틴'을 만나고 싶어했다.

책으로 마음 잇기

2023년 1월 31일 '책연, 설렘의 첫 만남' 행사를 '아트팩토리 청춘'에서 개최했다. 스무 명의 선배와 스무 명의 청년이 '책연(冊緣)'이 되었다. 혈연, 학연, 지연이 아니라 책을 통해서 건강한 사회적 관계망을 맺는 것이다. 선배는 청년에게 선물할 책을 한 권씩 가져오고, 청년이 책을 선택하면, 책을 추천한 선배와 책연이 되는 것이다. 기성세대 선배 '하하'는 다양한 직업과 인생의 경험을 공유했고, MZ세대 청년들인 '호호'는 '일잘러'의 애플리케이션과 '챗GPT'를 시연했다. 서로 "하하 호호" 하는 시간이었다.

작년 5월 퇴임하고, 몰입한 덕분에 7월 말에 졸저 《청년의 내일을 여는 해방일지》를 출간할 수 있었다. 이후 북콘서트와 강연을 통해서 여러 곳에서 '다음세대와 다음사회'에 관한 이야기를 나누었다. 2019년 12월 19일 '청년희망공동체 대구' 사회적 협약과 캠페인에 동참했던 학이사, 용학도서관 등 뜻있는 시민들, 단체들과 함께 2023년 2월 '책으로 마음 잇기' 비영리 단체를 만들었다.

청년들이 겪고 있는 사회문제가 많다. 일자리, 주거, 부채 등 정부와 지자체의 정책적인 노력도 필요하지만, 공감하고, 응원해 주는 '사회적 관계망'이 절실하다. 이는 만남으로만 가능하다. 선배세대와 다음세대가 책을 통해서 만나면 더 좋을 것이다. 청년들이 길을 찾고, 길을 만들어 갈 때 응원할 수 있는 선배들을 기다린다. 청년들과 만남은 선배들에게도 선물 같은 시간이 될 것이다. 책을 통한 선배세대와 다음세대의 교학상장(敎學相長)의 만남이 앞으로 더욱 더 기대된다.

2023년 계묘년 '입춘'이 지나고, 봄의 전령처럼 전화가 왔다. "경북대입니다. '청년의 삶과 꿈'이라는 교양강좌에 특강을 부탁드립니다.” 담당교수의 전화였다. ‘청년의 삶과 꿈’이라니! 아직도 그 교양 강좌가 운영되고 있었구나! 91학번 20대 청년이 한 세대를 관통하고, 지천명의 나이에 다시 ‘청년의 삶과 꿈’을 만난다. 사람은 만남으로 자란다. 만남은 곧 기적이다!

“다음세대, 청년들을 위해서 살겠습니다. 최소한 두 명의 청년이라도 성장할 수 있도록 돕겠습니다.”

“경북대 리포터에 지원한 이유가 무엇인가요?”

이지예

경북대학교 국어국문학과 97학번

현
경북대 대외협력처 근무

jylee77@knu.ac.kr

응하지 못하고 겉도는 학생이었다. 재수했다는 자격지심 때문에 그랬던 것일 수도 있고, 워낙에 잘 지냈던 전적 학교의 경험 때문이기도 했을 것이다. 그 당시 무척 유행하던 학부제의 폐해였던 것 같기도 하고 말이다. 그러다가 문득 '경북대 신문사 수습기자 모집' 안내문을 보게 되었다. '심심한데 저거 한번 해볼까' 하는 생각에 복현회관을 찾느라 온 캠퍼스를 두 번이나 돌았었다. 길을 물을만큼 친한 사람도 없고, 소심한 성격에 길을 묻지도 못해서였다. 참 어리석은 시절이었다.

"경북대 리포터에 지원한 이유가 무엇인가요?"

지금은 경북대 학생 리포터를 담당하는 업무를 맡고 있어, 매년 학생들과 함께 면접을 보는데, 그때마다 주어지는 뻔한 질문이다. 이 질문을 할 때마다 그때의 나를 떠올린다. 그 시절 학보사에 지원한 이유가 뭐냐는 질문에 나는 뭐라고 답을 했는지 전혀 기억나지 않는다. 학교에 대해 더 알기를 원했다고 했을까? 사회의 부조리에 대항하고 싶다고 했을까? 난 글을 좀 쓰는 것 같은데 기자라는 자리에 내가 잘 어울리니 뽑아달라고 했을까. 그때의 나에 비하면 요즘 친구들의 답은 정말 명확하고 확실하다. 학교 동문 선배들을 만나 그 이야기를 듣고 싶다는 것이다. 열의 아홉은 '자랑스러운', '멋진' 등의 수식어를 덧붙이기도 한다. 막연하지만 자신의 미래 모습을 사회에서 성공을 이룬 선배들에게 투영시켜 목표를 세워보겠다는 각

오가 엿보인다.

어색한 모습으로 동문들의 일터에 방문하여 자신의 명함을 건네는 리포터 친구들을 보면 마음이 조마조마하다. 내 입장에서는 업무이기 때문에 가능한 인터뷰이에게 '잘' 보이고 싶은 마음이 우선이기 때문이다. 하지만 그런 마음이 무색하게 만나는 동문들마다 모교에서 온 재학생 후배들을 살갑게 맞이해 주신다. 일부러 점심이나 저녁 시간 가까이 인터뷰를 잡고, 함께 식사하는 경우도 많다. 뿐만 아니다. 대중교통 이용이 불편한 장소에서 만날 경우 일부러 차를 내어주시기도 한다. 이런 배려에 '아, 경북대 선배님!'이라는 동족의식에 우월감을 느끼지만, 그보다 우선하는 것은 역시 스토리가 주는 감동과 각오에 있다.

많은 동문들이 인터뷰하러 간 후배들에게 당부하는 것은 하나같이 닮아 있었다. 바로 긍정적인 자세로 현재의 시간을 보내고, 무엇이든 도전하는 것에 힘쓰라는 것이었다. 어느 한 사람도 탄탄대로만 걷지 않았다. 오히려 그 누구보다 어려운 고난의 시간이 있었다. 다만, 그 시간에 좌절하는 것 대신 다시 한번 해보자며 일어섰을 뿐이었다. 그리고 결코 포기하지 않았기에 지금이 있었다고 했다. 사실 말로 하면 너무 간단하지만, 격려와 응원의 힘은 정말 크게 와닿았다. 지금까지 살면서 저렇게까지 간절하게 무엇인가를 한 적이 있었던가, 나는 어떤 일을 하면서 저렇게까지 성실하게 노력했던 적이 있었던가 하며 스스로를 돌아보는 시간을 가지게 되었다. 아직 이십대 초반인 후배들의 마음은 더욱 울렁거렸을 것이다. 자신이 무엇이

든 할 수 있는 사람임을 느꼈을 것이고, 모교의 자랑스러움에 다시 한번 전율했을 것이다.

얼마 전 업무로 77학번 선배님을 뵐 일이 있었다. 오랜만에 만난 모교의 후배를 정말 반갑게 맞아준 선배님은 자신들의 세대가 얼마나 열심히 살았는지에 대한 이야기를 해 주셨다. 한 반에 도시락을 모두 싸오지도 못했던 시절, 힘들게 공부할 수밖에 없었던 현실과 경북대 출신이면 골라서 취직할 수 있었던 또 부유했던 현실을 말이다. 분명한 것은 그 시절 선배들은 자신의 능력을 발휘하는 것이 개인의 안위만큼이나 사회와 국가를 위해 헌신한다는 인식을 가졌다는 것이다. 그리고 이제는 후배들의 몫이라는 당부를 몇 번이나 하셨다.

새삼 느끼는 것이지만, 나는 참 운이 좋은 사람이다. 늘 자신의 일을 사랑하는 많은 선후배들을 만나는 자리에 있기 때문이다. 때로는 취재 지원으로, 때로는 업무로 동문들을 만날 때마다 유난히 더 편안하고 정겹다. 평소 무척 평범하게만 느껴지는 '내'가 '경북대'라는 이름으로 조금 특별해지는 것 같기도 하다. 물론 아쉬움도 크다. 조금 더 빨리 동문들의 이야기를 들을 수 있었다면, 조금 더 넓은 세상이 있음을 알 수 있었다면 나도 조금 더 크게 내 꿈을 펼칠 수 있었을텐데 하는 마음 말이다. 다행히도 아직도 늦지 않았다고 이야기해주는 많은 분들이 계신다.

40대 중반을 넘어서면서 조금 힘겹기도 하고, 버겁기도 하다는 생각이 들었다. 가정이나 직장에서 나의 최선과는 상관없이 힘에 부치는 일들도 많았고, 인정받지 못한다는 좌절도 있었다. 접대용 표정을 지으며 사람을 대하면서 인간관계에 대한 회의도 느꼈다. 그런 찰나에 특별한 모임에 발을 넣게 되었다. 86학번 이후의 동문 모임인 '케리클'이 바로 그것이다. 크고 작은 기업의 수장이라는 명함을 갖고 있거나, 특정 분야의 전문가인 사람들이 대부분이었다. 나는 내가 가진 모습과 다른 사람들을 비교하며 잠시 기분이 가라앉았지만, 그것도 잠시였다. 모두들 모교의 이름 아래 만난 것을 진심으로 즐거워했다. 나 역시 선후배들과 함께하며 나의 못난 자괴감과 우울함을 떨쳐버리고 20대로 돌아간 양 사람을 진심으로 대하고 있었다. 각자 하는 일은 모두 다르고 만난 지도 얼마 되지 않았지만, 사회생활에서 필요한 '계산'이나 '맛보기' 같은 것들은 전혀 필요치 않았다. 시험기간 후배들의 아침을 챙겨주자는 작은 제안에 이틀이라는 짧은 시간동안 50명이나 동참하고, 새벽 6시라는 이른 시간에 모교에서 직접 후배들에게 응원을 전했다. 보기엔 작은 이벤트이지만 그 안에 들어 있는 큰마음에 함께 감동했던 순간이었다.

혈연이나 지연으로 공적인 일이 좌지우지 되어서는 안 된다는 원칙에는 분명히 동의한다. 하지만 '대학 동문'이라는 공통분모로 조금 더 반갑고, 조금 더 친근하게 느껴지는 것을 거부할 이유는 없다. 우리는 같은 캠퍼스에서 20대를 보냈고, 시간은 다르지만 비슷한 추억의 장소를 떠올릴 수 있으며, 억지로 배우지 않았지만 '진리, 긍지, 봉사'의 마음을 품고 있다. 부정하지 마시라. 교시를 몰랐다고 4년

행복한 공학도

최상조

경북대학교 전자공학부 00학번
달라스 텍사스대학교 전기공학과 공동 학위
미시간대학교 석사, 박사

현
경북대 전자공학부 조교수
한국전자파학회 집행이사
Journal of Electromagnetic Engineering and Science 국제저널 부편집장

전
퀄컴 책임연구원
울산대학교 전기공학부 조교수

저서
《전자기학》(Elements of Electromagnetics) 7판 번역서
국제 저널 16편, 미국 특허 4건 등

포상
관정교육재단 국외대학 장학생 선발(2008)
전기전자기술자협회(IEEE) 주관 국제안테나학회 우수상(2010, 2013)
한국전자파학회 젊은 연구자상(2021)

blueman1023@gmail.com

최상조

새로운 연구를 진행하는 것은 여간 외로운 일이 아닌데,
연구를 놓칠 수 없는 이유는 10년 혹은 20년 후에는
어떤 기술이 우리 사회에 필요할지 모르기 때문이다.

행복한 공학도

미국 퀄컴 취직기

미국 미시간 대학원 석사과정 진학 시기 관정장학재단에서 국외 대학 장학금을 받아 감사하게도 대학원 공부를 시작할 수 있었다. 꿈에 그리던 대학에서 공부를 할 수 있게 되었으니 석사과정 2년 동안 열심히 학업과 연구에 몰두했고, 박사과정 진학 시 다시 장학금을 받기 위해 더욱 노력했다. 열심히 준비한 끝에 지도교수님의 추천서를 받아 박사과정 장학금에 지원했으나 안타깝게 떨어지고 말았다. 지도교수님께 그 사실을 알리는 것이 쉽지 않았는데, 이유는 바로 다음 달부터 교수님으로부터 재정 지원을 받아야만 하는 상황이 되었기 때문이다. 다행히 인력이 필요한 프로젝트를 찾아 주셔서 석사 졸업 후 박사로 진학하는 여름방학 동안 새로운 연구 과제에 투입되어 긴박하게 일했던 기억이 난다.

당시 기계공학과 연구팀과 협업하여 전자 스위치 하드웨어를 모델링하고 성능을 검증하는 프로젝트를 수행했는데, 2~3개월 동안 쉴 새 없이 일했다. 그동안 교수님과 거의 매일 같이 회의를 하며 단기간에 성과를 만들어 낼 수 있었고, 연구에서 협업의 중요성 및 집중력의 중요성을 깨닫는 기회가 되었다.

그 후 박사과정 졸업 1년 전, 미국 통신 반도체 회사 퀄컴에서 인턴을 하게 되었는데, 그 당시 팀 매니저가 이력서에 기재된 전자 스위치 하드웨어 관련 논문을 보고 나를 선발했다는 이야기를 듣고 놀랐던 기억이 생생하다. 박사 장학금에 선발되지 않아 일하게 된 연구 결과물들이 새로운 길을 열어준 계기가 되었으니, 이는 두고두고 감사할 일이다.

퀄컴에서 살아남기

그 인턴을 발판으로 박사학위를 취득한 후, 통신 모듈 개발 책임연구원으로 퀄컴에서 일을 시작했다. 입사 후 처음 맡게 된 업무가 반도체 패키지를 모델링하는 것이었는데, 그 모델이 회로와 함께 연동될 때 발생하는 문제를 해결해야 했다. 그 당시 선임 연구자가 타 회사로 이직하는 바람에 문제를 해결해야 하는 담당자를 맡게 되어 신참으로서 큰 부담이 되는 상황이었다.

반도체 패키지 하나에는 다양한 회로가 들어가기 때문에 다수의 회로 설계자로부터 하루에도 문제를 해결해달라는 전화를 수차례 받은 기억이 생생하다. 입사한 지 1년도 되지 않은 상황에서 상당한 정신적인 부담을 받아 대상포진에 걸릴 정도였다. 하지만 그 문제를 팀원들과 논의하고 여러 해결 방안을 모델링에 적용하는 작업을 직접 진행하여 최종적으로 문제를 해결할 수 있었다. 그 결과 반도체 칩 전체의 성능 지표를 나타내는 시뮬레이션 결과의 신뢰성을 확보할 수 있게 되었다. 그 당시 담당했던 일이 새로운 제품을 상용화하기 위해 시작한 프로젝트였기 때문에 발생하는 기술적인 문제였고, 그 문제를 해결한 경험을 통해 엔지니어로서 성취감과 자신감을 얻을 수 있었다. 추후 프로젝트에서 설계했던 반도체 제품이 상용화되었고, 이러한 성과를 바탕으로 후속 프로젝트에도 계속 투입되어 엔지니어로서 다양한 경험을 쌓을 수 있었다.

대학 교수로 한국에 돌아오다

퀄컴 재직 후 한국으로 돌아와 대학에서 학생들을 교육하며 연구를 진행하고 있다. 미국에서 습득한 응용 전자기학 관련 연구 및 통신 부품 개발 경험을 활용하여, 국내 기술 발전 및 학생 지도에 힘쓰고자 한다. 응용 전자기학과 관련하여 국내에서 개발이 한창인 기술은 5세대/6세대 통신 및 위성 통신을 위한 전자 부품들이 있다. 이러한 부품들을 개발하기 위해 학생들과 국제 논문 및 글로벌 기업이나 기관에서 출판된 기술 자료를 면밀히 공부하고 있으며, 또한 세계적인 수준의 기술을 개발하고자 노력하고 있다.

국내에서 당장 이슈가 되고 있지는 않지만, 미국 박사과정 시기에

연구한 적외선을 흡수하는 전자소자 연구를 또한 이어서 하고 있다. 이 분야와 관련하여 국내에서 연구하는 팀은 극소수여서, 주로 해외 기관과 협업을 통해 연구 중이다. 이러한 새로운 연구를 진행하는 것은 여간 외로운 일이 아닌데, 연구를 놓칠 수 없는 이유는 10년 혹은 20년 후에는 어떤 기술이 우리 사회에 필요할지 모르기 때문이다.

적외선은 주로 일상에서 발생하는 온기가 있는 물체에서 발생하는데, 적외선을 흡수하는 전자소자는 에너지 효율을 높이는 분야에서 사용될 수 있다. 예를 들어, 건물 내부에서 발생하는 적외선 형태의 열에너지를 전자소자로 수집하여 전기 에너지로 변환하면, 건물 내부에서 사용되는 전기 에너지를 절약할 수 있다. 여전히 효율 및 비용 등의 문제를 해결해야 하지만, 이러한 근본적인 공학 문제는 학교에서부터 시작해야 한다는 사명감을 놓지 않고 연구를 진행하고 있다.

행복한 공학도

공학도로서 살면서 가장 행복한 인생은 자기가 좋아하는 분야의 일을 할 수 있는 직장에 다니면서, 그 일에서 즐거움을 찾을 수 있는 인생이라 생각한다. 그런 의미에서 전자공학을 좋아하는 사람으로서 교수의 삶을 살아가는 것에 감사하며, 앞으로도 공부와 연구를 통해 즐거움을 찾으면서 살아가고자 한다. 앞서 좋아하는 분야의 일을 할 수 있는 직장이라고 했지만, 특정 분야에 일하는 것에 익숙해져서 즐거움을 맛볼 때까지는 많은 노력과 시간이 필요한 것이 현실이다. 그래서 공학도로서의 최고의 인생을 누리려면 진로를 위해 특정한 분야를 선택해야 하는 순간에 결단력도 필요하지만, 그 이후에 따르는 노력이 더욱 중요하다는 것은 사회생활을 해본 분들이라면 공감할 것이다.

대학원을 시작할 때 학부에서 주어진 커리큘럼에 따라 공부하는 것과 다르게 연구하고자 하는 분야와 관련된 논문을 읽고 새로운 아이디어를 도출한 후 그것을 구현하는 등 일련의 연구 과정을 진행하는 것이 참 쉽지 않았던 기억이 있다. 새로운 주제에 관한 논문을 쌓아놓고 읽던 기억들, 새로운 소자를 개발해야 하는데 어떻게 모델링해야 할지조차 답이 없었던 막막한 기억들, 그때는 끝이 보이지 않았지만, 많은 시행착오와 그리고 다양한 문헌을 읽으면서 조금씩 쌓아갔던 지식이 지금은 새로운 연구를 기획하고 추진하는데 큰 자양분이 된 것을 알 수 있다.

대학원에 대해서 이야기할 때 많은 대학생들이 특히 박사는 똑똑한 사람만 받는 것으로 생각하거나 원래부터 받을 사람이 정해져 있다고 생각하는 경우가 많다. 박사는 자신과 동떨어진 높은 자격으로 생각할 수도 있고, 모든 지식을 아는 전문가로 생각할 수도 있다. 하지만 박사과정 후 미국 반도체 업계에 들어갔을 때 기술과 관련된 기본적인 용어부터 다시 배워야 했다. 그 의미는 박사과정에서 연구한 특정 분야에서는 전문가일지 모르겠지만, 산업체나 학계로 진출해서 새로운 기술을 연구해야 하는 상황에서는 공부를 다시 해야만 하는 것이다.

박사를 졸업하고 온 신참 직원은 특히 반도체 제품을 설계하는 프로젝트에서 의미 있는 기술적인 발언을 할 수 있는 데까지 시간이 필요했다. 쉽게 말해서 신참의 이야기는 들어주지 않는다. 이 바닥에서 경험이 없기 때문이다. 여기서 중요한 것은 박사과정을 받았기 때문에 프로젝트에서 발언하고 참여할 수 있는 기회가 주어진다는 것이었다. 반면 석사과정을 갓 마친 엔지니어는 주로 소자 측정 작업을 수행하고, 프로젝트 미팅에 참여할 권한이 없는 것이 냉정한 현실이었다. 결론은 박사는 절대적인 것이 아니며, 공학도로서 특정 분야에서 훈련할 수 있고 추후에 그 분야에서 전문가로서 즐거움을 찾을 수 있는 하나의 통로가 될 수 있다는 것이다.

모든 분야에서 박사과정이 필수불가결하다고 할 수는 없겠지만, 각자 처한 위치에서 어떤 방식으로든 지식을 쌓고 훈련하는 시간이 꼭 필요한 것이다. 자신의 위치에서 그러한 훈련의 시간이 주어지지 않는다면, 젊은 시절에 크게 고민해 봐야 할 문제이다. 젊은 시절에 훈련의 시간이 있어야 새로운 분야에서 일할 기회가 더 많이 주어지고, 그 과정을 통해 좀 더 즐겁게 일할 수 있는 위치에 설 수 있을 것이다. 특히 첨단 공학 기술과 관련된 연구 및 기술 개발에 흥미가 있는 학생들은 관련된 훈련을 할 수 있는 대학원이나 직장에 들어가야 할 것이고, 그 경험을 바탕으로 각자의 분야에서 즐거움을 느끼고 일하는 공학도로서의 행복한 인생을 경험해 보길 바란다.

학생들을 위한 조언

앞으로 교수로서의 삶을 살면서 나의 경험을 사회에 환원할 수 있는 가장 효과적인 방법은 학생 교육이라고 생각한다. 미국 대학에서 다양한 수업을 통해 배웠던 지식, 대학원 과정 및 미국 회사에서 습득한 공학 기술, 다양한 국적의 학생들과 함께 수업을 듣거나 또는 그 학생들을 교육 조교로 가르치면서 느꼈던 것 등 필자가 미리 경험한 것들을 수업을 통해서 학생들에게 소개하고자 한다.

미국에서 배운 지식을 가르치는 것도 중요하겠지만, 삶의 자세 및 태도에 관해 조언해 주는 것도 그만큼 중요할 것이다. 예를 들면, 질문을 부끄러워하지 않고 적극적으로 할 것, 많은 것을 다 잘하는 것보다 관심 있는 것에 집중하고 지식의 깊이를 높일 것, 교과서에 있는 지식을 그저 받아들이고 외우는 것이 아니라 원리를 이해하려고 고민해 볼 것, 성적 및 점수에만 얽매이지 않을 것, 혼자서 도서관에 책을 보면서 공부하는 것도 중요하지만 주위의 친구들과 배운 지식에 관해 질문하고 토론해 볼 것 등이다.

나도 학부 시절에 위에서 거론한 자세와 거의 반대의 삶을 살았다고 볼 수 있다. 위의 내용은 해외에서 공부하고 대학원을 경험하면서 서서히 깨달은 부분인데, 다시 교육 현장으로 돌아왔을 때 만나게 되는 학생들은 약 20년 전의 나와 비슷하다는 느낌에 많이 놀라곤 한다. 자기에게 맞는 분야를 찾고 그에 맞게 진로를 선택하려고 노력했지만, 주위의 기대나 이슈에 못 이겨 진로를 선택하는 경우나, 주위의 친구들과 비교를 통해 자신의 가치를 잘 돌아보지 못하는 것이 매우 안타깝다.

학부 시절에는 주위의 시선이나 분위기 때문에 졸업 후 바로 취업해야 할 것 같았는데 유학생활을 하며 좀 더 여유있게 진로를 정할 수 있었고, 그 과정을 통해 즐겁게 일할 수 있는 분야를 찾는데 더 많은 시간을 가질 수 있었다. 앞으로 강단에서 진행하는 수업을 통해 경험에서 배운 삶의 자세를 학생들에게 전하도록 노력할 것이며, 무엇보다 학생들이 자기 자신에 좀 더 관심을 두고 더 즐겁게 공학도의 삶을 살아가길 바라는 마음이다.

“ 특정 분야에 일하는 것에 익숙해져서 즐거움을 맛볼 때까지는 많은 노력과 시간이 필요한 것이 현실이다. ”

인생의 성공 법칙

초판 1쇄 인쇄 2023년 5월 25일
초판 1쇄 발행 2023년 5월 31일

지은이 박광범 외 18인
펴낸이 정선모
디자인 가보경 이소윤

펴낸곳 도서출판 SUN
등 록 제25100-2016-000022호. 2016년 3월 15일
주 소 서울시 노원구 덕릉로 94길 21. 205-102
전 화 010. 5213. 0476
이메일 44jsm@hanmail.net

값 15,000원
ISBN 979-11-88270-61-3(03190)

Printed in KOREA